开课吧 | 数字化人才职场赋能 系列丛书

精益数据运营
用数据驱动新商业革命

开课吧◎组编
夏青青 张旭 王一平 张燕 史兵◎编著

机械工业出版社
CHINA MACHINE PRESS

本书从实用角度出发，以"心、眼、口、手、脑"数字化五维模型为基础，介绍了与业务相关的数据意识与数据技能。全书涵盖数据意识、数据获取、数据分析、数据应用以及数据呈现五大部分，并且每一部分都结合实际案例进行讲解。

本书既可作为各行业业务人员的职业赋能指引，也可作为用数据解决实际业务问题的参考书。

图书在版编目（CIP）数据

精益数据运营：用数据驱动新商业革命/开课吧组编；夏青青等编著. —北京：机械工业出版社，2021.8

（数字化人才职场赋能系列丛书）

ISBN 978-7-111-68605-7

Ⅰ. ①精… Ⅱ. ①开… ②夏… Ⅲ. ①商业经营-数据处理 Ⅳ. ①F713

中国版本图书馆 CIP 数据核字（2021）第 134025 号

机械工业出版社（北京市百万庄大街 22 号　邮政编码 100037）
策划编辑：尚　晨　　　责任编辑：尚　晨
责任校对：张艳霞　　　责任印制：郜　敏
三河市国英印务有限公司印刷

2021 年 8 月第 1 版·第 1 次印刷
169mm×239mm · 13.75 印张 · 266 千字
0001—6500 册
标准书号：ISBN 978-7-111-68605-7
定价：89.00 元

电话服务　　　　　　　　　　　网络服务
客服电话：010-88361066　　　　机　工　官　网：www.cmpbook.com
　　　　　010-88379833　　　　机　工　官　博：weibo.com/cmp1952
　　　　　010-68326294　　　　金　书　网：www.golden-book.com
封底无防伪标均为盗版　　　　　机工教育服务网：www.cmpedu.com

前言

中国共产党第十九届中央委员会第五次全体会议公报提出,"坚持把发展经济着力点放在实体经济上,坚定不移建设制造强国、质量强国、网络强国、数字中国,推进产业基础高级化、产业链现代化,提高经济质量效益和核心竞争力"。我国的数字化时代已经到来。

数字化转型是建立在数字化转换(Digitization)、数字化升级(Digitalization)基础上,进一步触及公司核心业务,以新建一种商业模式为目标的高层次转型。数字化转型是开发数字化技术及支持能力,以新建一个富有活力的数字化商业模式。企业只有对其业务进行系统、彻底的(或重大和完全的)重新定义(不仅仅是IT,而是对组织活动、流程、业务模式和员工能力的方方面面进行重新定义)的时候,才会取得成功。那么作为职场人,该如何抓住这次机会,成功融入数字化时代的洪流呢?

数字化时代的人才模型应是"心、眼、口、手、脑"数字化五维模型,即具备数据意识,掌握数据获取、数据分析、数据应用以及数据呈现,这一模型无论是在互联网行业,还是在传统行业,都是适用的。

本书以"心、眼、口、手、脑"数字化时代人才模型为基础,第1章重点讲解数据意识,第2~5章讲解数据获取、数据分析以及数据应用的方法和案例,第6章则结合前面5章的内容,讲解业务人员如何利用数据思维进行汇报呈现以及规划自己的职业道路。

本书主要面向各行业的业务人员,如运营、采购、销售、策划、市场策略等直接对提高企业收入、促进业务增长负责的人群,也能为职能岗位人群,如人事、财务等人员解决工作中遇到的问题提供借鉴。为了使内容更具实操性,本书深入剖析了多个行业的商业实例，帮助读者更好地理解与应用。

  本书的顺利出版，要特别感谢北京开课吧科技有限公司领导和同事的支持，特别是高玮老师的指导与点拨。

  由于编者水平有限，书中难免存在不妥之处，请广大读者谅解，并提出宝贵意见。

编 者

目录

前言

第 1 章　数据意识——各行各业为什么都需要数据能力　/　1

  1.1　处理数据是一项重要岗位能力　/　1
    1.1.1　岗位描述大数据　/　1
    1.1.2　业务数据思维四大能力　/　4
    1.1.3　数据能给企业带来哪些成果　/　9
    1.1.4　如何通过数据助力个人职业成长　/　12
  1.2　工作的核心——解决问题　/　14
    1.2.1　工作的核心是什么　/　14
    1.2.2　解决问题的六大思维方法　/　15
  1.3　用数据理解企业业务　/　25
    1.3.1　快速掌握企业的基本面　/　25
    1.3.2　进行业务决策　/　27
    1.3.3　平衡企业的投入和收益　/　28
  1.4　用数据思维提升岗位竞争力　/　29
    1.4.1　理解岗位　/　29
    1.4.2　当代业务骨干应该具备的职业能力　/　31
    1.4.3　业务数据分析六部曲　/　31

第 2 章　数据获取——如何获取有用的数据　/　34

  2.1　数据埋点的思路与方法　/　34
    2.1.1　埋点的作用　/　34
    2.1.2　埋点的三个阶段　/　35

2.1.3　如何做好业务埋点需求分析 / 38
　　2.1.4　如何设计数据埋点方案 / 43
　　2.1.5　如何保证数据埋点的质量 / 45
2.2　关键数据如何获取 / 46
　　2.2.1　为什么要对数据区别对待 / 46
　　2.2.2　如何定量地把握一个事物 / 47
　　2.2.3　常见的数据指标 / 48
　　2.2.4　如何根据业务选择指标 / 49
2.3　关键数据的梳理方式 / 52
　　2.3.1　万能的三级火箭业务梳理法 / 52
　　2.3.2　业务骨干就是庖丁解牛 / 57
2.4　工具的使用 / 58
　　2.4.1　O2O平台的商家运营指标（美团） / 58
　　2.4.2　新媒体关键运营指标（公众号） / 60
　　2.4.3　短视频平台关键运营指标（抖音） / 65
　　2.4.4　社交平台关键指标（企业微信） / 67

第3章　数据分析——实际工作中常用的数据分析方法 / 69

3.1　用数据分析来解决业务问题 / 69
　　3.1.1　定义问题 / 69
　　3.1.2　梳理问题的分析框架 / 73
　　3.1.3　常用数据分析框架 / 73
3.2　数据分析的常用工具和使用 / 79
　　3.2.1　三表理论 / 79
　　3.2.2　常用统计量和正态分布 / 84
　　3.2.3　函数和公式 / 90
　　3.2.4　数据透视 / 91
3.3　数据可视化 / 94
　　3.3.1　优秀图表必备元素 / 94
　　3.3.2　Excel可视化图表的选取 / 96
　　3.3.3　必学基础图表 / 97
3.4　销售订单监控及转化率分析 / 102
　　3.4.1　订单分析 / 102
　　3.4.2　转化率分析 / 105
3.5　销售人群分析 / 108

3.5.1 销售人群基础信息库 / 108

3.5.2 销售人群定量分析 / 109

第4章 数据应用(上)——深度分析数据掌握业务 / 112

4.1 进销存管理 / 112

    4.1.1 进销存概述 / 112

    4.1.2 进销存管理案例 / 114

4.2 潜在客户分析 / 118

    4.2.1 用户画像 / 118

    4.2.2 诉求分析 / 119

    4.2.3 潜在客户预测 / 121

4.3 潜在爆款产品分析 / 123

    4.3.1 需求分析 / 123

    4.3.2 趋势预测 / 127

4.4 用户路径图的应用 / 133

    4.4.1 绘制用户路径图 / 133

    4.4.2 通过用户路径图掌握业务全貌 / 139

第5章 数据应用（下）——快速提升业绩的有效手段 / 143

5.1 提升用户量的有效方法 / 143

    5.1.1 用户流失的主要原因 / 143

    5.1.2 应用漏斗模型提升用户量 / 144

    5.1.3 提高用户量的有效方法——Aha时刻 / 149

5.2 提升运营效果的有效方法——提升 ARPU / 151

    5.2.1 通过数据分析调整价格 / 151

    5.2.2 动线设计 / 155

    5.2.3 加购环节设计 / 159

    5.2.4 满减、满返、满赠的数据化驱动设计 / 162

5.3 提升运营效果的方法——留存分析与用户传播 / 164

    5.3.1 通过留存分析提高用户回访率 / 164

    5.3.2 让用户主动参与传播 / 168

5.4 产品规划与生产周期控制 / 169

    5.4.1 产品规划 / 169

    5.4.2 生产周期控制 / 175

第6章　数据呈现——用数据思维成就人生　/　179

- 6.1　用数据思维助力职业提升　/　179
  - 6.1.1　数据引领职业成长　/　179
  - 6.1.2　用数据锚定职业生涯规划　/　183
- 6.2　使数据成为你晋级的阶梯　/　186
  - 6.2.1　用结果说话　/　186
  - 6.2.2　汇报呈现　/　199

参考文献　/　211

第 1 章
数据意识——各行各业为什么都需要数据能力

本章从岗位描述大数据出发,介绍业务数据思维的必备能力,以及数据思维与个人成长、企业业务之间的关系,为用数据思维提升自身竞争力打好基础。

1.1 处理数据是一项重要岗位能力

《中华人民共和国国民经济和社会发展第十四个五年规划和 2035 年远景目标纲要》中多次提及加快各行业的数字化建设和数字赋能。随着网络技术的高速发展,数字化正在渗透到各行各业,倒逼企业进行价值、能力、管理、利益、模式等方面的重构,未来的企业不是数字化原生企业,就是数字化转型/重生企业。而在数字化转型的过程中,无论是互联网行业还是传统行业,企业数据的总量都会以爆发式的速度增长,成为企业最重要的资源之一。对生产、运营、管理、营销等诸多环节中产生的数据进行分析与应用,是企业实现质量变革、效率变革、动力变革的重要途径。在这一背景下,掌握数据分析与应用能力(如数字化营销等),以及人工智能尚无法取代的综合性技能的人才将享有更广阔的职业发展空间,争夺具有数据思维与数据能力的人才势必成为"人才争夺战"的重中之重。

1.1.1 岗位描述大数据

数字化转型为各行业从业者带来了新的发展机遇。那么在此背景下,数据类岗位的缺口如何?非数据类岗位对候选人的数据技能有要求吗?先看一组来自某招聘网站的北京企业岗位信息,见表 1-1。

表 1-1 某招聘网站北京企业岗位信息

岗位名称	薪 资	岗位职责	任职描述
销售专员	8~10k，12薪	1. 通过电话、邮件、短信等方式了解网站注册客户在网站使用上的需要 2. 协助需要加入网站收费会员的客户办理入网手续 3. 了解网站各项功能的使用，为咨询客户提供帮助 4. 通过 CRM 系统将缴费会员移交给客户服务部	1. 工作态度热情、主动、有耐心、认真负责、细致，有上进心，具备良好的问题解决能力和一定的客户服务技巧 2. 专科以上学历，熟悉 Office，有一定的计算机和网络操作基础 3. 有较强的责任心，具有亲和力，执行力强 4. 有良好的沟通能力、较强的团队合作精神；热爱团队活动
资金主管	10~15k，12薪	1. 配合部门经理对集团范围内的资金筹集、资金调度、资金使用实施有效管理，在集团范围内统一调配资金 2. 独立完成资金日报/月报、资金计划和现金流预测表的汇总复核工作 3. 协助部门经理完善资金管理系统的账号添加、系统模块的功能使用 4. 负责统一进行集团银行账户的开销户管理 5. 协助部门经理完善集团总部日常的资金运营管理，包括转账结算、现金收付、银行账户操作等日常资金管理工作 6. 协助部门经理完成融资授信类的相关工作	1. 会计专业本科及以上毕业 2. 3年以上资金相关工作经验 3. 熟练操作银行网银及资金系统 4. 具备较强的资金分析能力 5. 具备较强的 Office 软件操作能力和公文写作能力 6. 具有较强的人际沟通能力
项目经理（教育信息化）	15~30k，12薪	1. 负责公立校信息化建设和教育类产品的服务运营和交付工作，多项目并行交付 2. 负责项目计划制订、风险控制，建立跨部门合作与沟通渠道，协调公司资源推进项目进度，确保项目按计划完成 3. 负责项目交付后的服务运营工作，进行需求调研、挖掘用户需求，对接产品侧，促进产品功能改进	1. 本科及以上学历，有教育信息化行业等项目经验者优先 2. 优秀的沟通和执行能力，能独立而有技巧地处理各层级人员关系 3. 优秀的推动能力，结果导向，能够从战略层面到细节层面全面把控项目
高级 HRBP（偏业务）	20~25k，12薪	1. 理解业务形态、业务目标及现状，在业务发展中提供专业支撑，主动发起结果导向的问题解决方案 2. 分析组织人才架构并完善人才梯队建设，制订计划，分析有效的策略和方法，优化效率 3. 维护和开发渠道，全面负责全流程工作 4. 负责人力项目在业务部门的落地，快速响应并发现业务部门人力相关需求，并向人力资源部门内部反馈业务需求	1. 本科以上学历，2年以上 BP 经验，有猎头经验者优先 2. 培训或者组织发展过任一模块、有可说明的工作成绩者优先考虑 3. 掌握人力资源规划与配置方法，具备职位分析、人才测评、面试等方面的专业知识和技巧 4. 具备较强的成就导向和优秀的执行力、沟通协调能力、数据分析能力

第1章 数据意识——各行各业为什么都需要数据能力

(续)

岗位名称	薪资	岗位职责	任职描述
商业策略产品经理	25~35k,12薪	1. 负责H5类中小广告主方向的策略产品工作，包括需求分析、功能制订、设计规划、落地上线及优化迭代等 2. 了解餐饮、休娱、零售、房产等本地行业的行业痛点和客户诉求，结合媒体优势，产出行业推广方案 3. 在项目推进中协调各方面资源，确保顺利落地 4. 与运营、销售等团队合作，推动产品相关运营推广工作顺利进行，并结合运营分析和问题收集制订产品优化方向，推动产品不断迭代	1. 本科及以上学历，1年及以上商业产品或策略产品相关经验，有商业化相关背景者优先 2. 对数据敏感，具有通过数据挖掘解决业务问题的能力 3. 敢于突破创新，沟通协调能力强，富有团队精神
销售经理	6~12k,12薪	1. 独立拓展移动互联网广告客户，完成销售指标 2. 根据项目进展灵活调整对应的销售策略 3. 对客户进行长期维护回访，并能对全盘项目实施紧密跟踪 4. 分析判断常规及突发的客户问题，并独立解决 5. 收集有效行业信息，分析市场需求	1. 能够出差，参加一些论坛会议交流合作 2. 25~35周岁，大专及以上学历，3年以上销售经验，有企业客户开发、维护经验者优先考虑 3. 优秀的人际交往、商务谈判和内部协调能力，注重团队协作 4. 具有用户创新思维、较强的成就动机和自我驱动和执行能力

从这些岗位需求上能够发现，和数据能力相关的岗位涉及各行各业，且具有数据思维的人才薪资处于一个较高的水平。那究竟什么是数据思维呢？数据思维的本质是使用数据发现问题、解决问题，从而驱动业务成长，而并不是将事物单纯地数字化。数据思维要求形成定性结论的基础是数据，但并不排斥定性的描述和结论。我们经常看到，很多数据报告展示了一系列数据，但并未形成结论，这就不叫数据思维，而是单纯地引用数据。比如下面这个例子：

2019年第三季度，某品牌在江苏地区的三个销售代理商分别完成销售额130.4万、210.5万、98.6万，共计439.5万；去年同期他们分别完成销售额110.2万、150.3万、96.3万，共计356.8万（注：该品牌在江苏地区只有三个代理商）。

这个例子列举了很多经营数据，但并没有最终结论。第三季度总销售额439.5万是多还是少？三个代理商的销售额占比是否合理？和竞争对手相比，发展速度如何？只有数据没有结论，这不是真正的数据思维。

相应地，在工作中还有两种思维模式是值得注意的，即工具思维和经验思维，其实这两种思维模式背后也有数据思维的支撑。所谓工具思维指的是将数据分析作为一种工作技能，认为数据分析就是通过一些工具去生成图表展示，这种思维方式脱离了业务本身，对实际业务发展来说收效甚微；而经验思维则是根据个人经验或者普适性观念对事物做出判断、形成结论的模式。经验思维有时候也是一种数据思维。经验丰富的人一旦看到一组数据就能做出定性的判断，这依赖的正是长期的数据积累。经验思维也有其应用的局限性，或者说有适用范围。经验思维的使用可能弊大于利，比如，在快速变化的市场或者行业中，企业或者个人过去积累的经验很快会过时，仍然基于过去的情况做出经验性的判断往往会带来决策失误，因此需要根据新的形式通过数据形成量化的评价，并在此基础上做出判断。

图 1-1　数据思维与经验思维、工具思维

1.1.2　业务数据思维四大能力

业务数据思维在能力层面可以表现为业务量化、业务统计、业务分析以及业务决策这四大核心。

1. 业务量化

业务量化简单来讲就是对业务形成数量上的认知。也就是说，统计报表不是为了统计报表本身，而是为了业务还原，即通过数据解构业务，达到业务的数据化。做好业务统计的关键在于以下三个方面。

（1）界定业务问题

做好数据统计首先要做到了解业务各环节和整体逻辑，从而界定业务问题，确定后续数据整理与分析的范围。那么如何了解业务各个环节的整体逻辑呢？下面举例说明。假设你在一家服装店，店铺想要分析服装销售额在最近三个月急剧下降的原因，提出了图 1-2 所示假设和分析思路。那么从数据思维出发，该如何检验提出假设的合理性？

在建立假设时，很容易因为经验思维而无意识地排除一些重要的假设。要根据数据思维客观地提出假设，可以用图 1-3 所示的"框架"来检查所提假设的合理性。

第1章　数据意识——各行各业为什么都需要数据能力

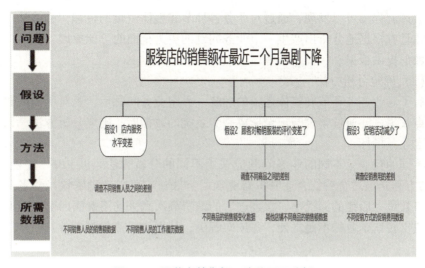

图 1-2　服装店销售额下降的原因分析

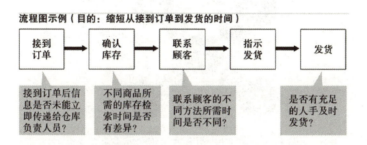

图 1-3　服装店业务问题分析的流程图

通过流程图可以发现，通过对业务各环节和整体逻辑的梳理，能够从不同维度细致且有根据地分析出产生一个业务问题的更为全面的可能原因，从而为收集哪些数据提供根据。

（2）确定分析方法

有了对业务各环节和整体逻辑的理解、界定业务问题后，要对所需的数据进行埋点收集，并通过整理与记录形成一个系统的数据库，确定分析方法，以便后续确定业务指标。

不同的行业、不同的业务问题应采用不同的分析方法。以 PPFC 方程为例。PPFC 方程是最适合餐饮企业分析营业额的方法，它可以帮助餐饮经营者从商圈的人口数量、店铺的渗透率、顾客进店的消费频次和平均消费额四个方面有针对性地找出餐饮企业的不足之处，并依次解决，从而进一步提高营业额，如图 1-4 所示。

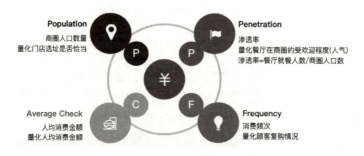

图 1-4　用 PPFC 方程式分析餐饮企业营业额

（3）确定业务指标

确定业务指标是指在业务数据统计的基础上进行核心指标拆解。业务数据统计的本质是什么？以外卖业务为例：50 万这个数字对于业务没有任何意义，但是"5 月 24 日新增用户数 = 50 万"便是对外卖业务获客方向形成了一个业务认知，称为 5 月 24 日新增用户数为 50 万。这就是统计最本质的意义，即业务数据化，而核心业务指标是一系列能够反映业务的关键数据的组合，这里还是用 PPFC 方程分析营业额的例子来进行说明，如图 1-5 所示。

2. 业务统计

业务统计是将原始数据进行深度加工的过程。完成数据收集、整理和统计后，如何对数据进行综合分析和相关分析？这是个很考验逻辑思维和推理能力的环节。在分析推理的过程中，首先需要对产品和业务了如指掌，也就是熟悉业务各环节和基本逻辑；其次是在技术层面，对数据来源的抽取→转换→载入原理的理解和认识是必备基础，同时也要学会使用一些必备的数据分析工具对数据进行清洗、加工和分析；最后一点是好的数据分析应该能够呈现业务的规律和显性问题，使企业业务决策有的放矢。

图 1-5 营业额的核心指标拆解

在这个阶段，可以通过一些数据可视化手段来表现对业务有直接影响的信息，如分析用户画像，即通过数据对消费行为进行分析，将用户的属性、行为与期待的数据转化组织起来形成用户画像。

也可以通过加工数据、提炼有价值信息来满足营销、风控和顾客关系管理的需求，如通过数据对用户进行分类，按照用户类型的不同推荐产品，如图 1-6 所示。

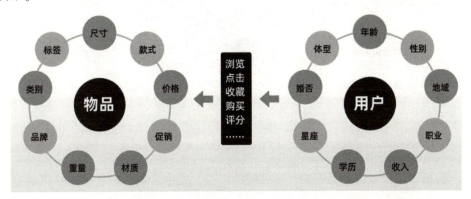

图 1-6 为不同类型用户推荐不同商品

业务统计在实操层面有以下两项关键内容。

（1）确定指标的统计方法

这里的指标包括两类：一类是交易指标，指核心经营数据，以记账、订单记录为主；另一类是流量指标，指访问人数等数据，可以采用多种统计方法。

例如，营业额=商圈人口数×渗透率×消费频次×人均消费金额，其中商圈人口数就属于流量指标，可以通过实地调查以及大数据、推算手段统计，如图 1-7

所示；又因为渗透率＝就餐人数/商圈人口数，所以渗透率也可以相应得出；而消费频次、人均消费金额属于交易指标，可以通过订单记录进行计算，如图1-8所示。

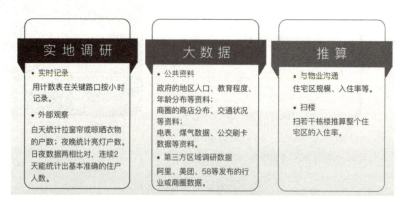

图1-7　通过多种方式计算商圈人口数

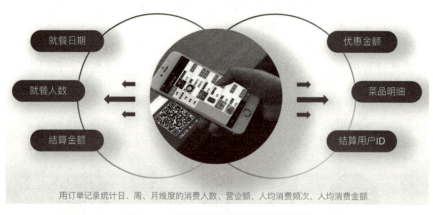

图1-8　通过订单记录进行指标统计

（2）数据记录与统计

数据的记录与统计是一项非常关键的工作，其中，数据记录指交易指标记录每笔交易行为，而数据统计指按日、周、月等时间周期进行求和、计数等计算，上文中的渗透率就是用这种方式得出的。

3. 业务分析

业务分析指业务数据分析，其中最核心的手段就是对比，因为数据有对比才有意义。对比的维度可以包括时间维度和空间维度，时间维度涉及日、周、月、年的同比、环比对比，而空间维度指同类产品的对比。例如，利用PPFC，通过对比A、B两家餐厅的数据找出A餐厅的待改进之处，如图1-9所示。

第1章 数据意识——各行各业为什么都需要数据能力

数据指标	A餐厅	B餐厅
月营业额（元）	88000	80000
P: 商圈人口数（人）	20000	10000
P: 品牌渗透率（%）	10%	20%
F: 平均消费频次（次/月）	2	2
C: 平均消费金额（元）	22	20

对比数据产生洞察 →

数据指标	A餐厅	B餐厅
月营业额（元）	88000	80000
P: 商圈人口数（人）	选址：有足够的客流量	10000
P: 品牌渗透率（%）	吸引客户的能力：有待提升	20%
F: 平均消费频次（次/月）	顾客复购次数：与B持平	2
C: 平均消费金额（元）	顾客消费能力：稍高于B	20

图1-9 对比分析

4. 业务决策

业务决策不同于战略决策和战术决策，又称为执行性决策，是日常工作中为提高生产效率、工作效率而做出的决策。属于业务决策范畴的主要有工作安排的日常分配和检查、工作日程（生产进度）的安排和监督、岗位责任制的制订和执行、库存的控制及材料的采购等。

好的业务决策一定是基于数据分析与加工结果的，这需要业务人员精通业务各环节和整体逻辑，从而通过数据分析结果对业务进行精准预测，并理解现象数据与深层次分析数据结果的区别。例如，要想提升图1-9中A餐厅的品牌渗透率，可能进行图1-10所示业务决策。

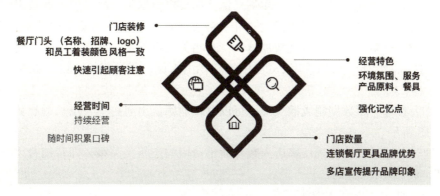

图1-10 四维度提升餐厅品牌渗透率

1.1.3 数据能给企业带来哪些成果

（1）数据运营明确业务重点

通过数据能够精准地得出企业的痛点和市场中的机会，从而明确业务重点，使运营有的放矢，锁定企业的核心目标是提高流量、提升营收还是降本增效，如图1-11所示。

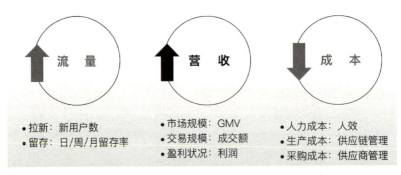

图 1-11 企业的核心目标

(2) 数据带来精细化运营

精细化运营指的是通过用户分群，对不同需求的用户匹配不同的服务和内容，满足其个性化需求，从而更好地完成运营中拓新、促活和激活的工作。在非数据驱动的企业中，分析留存的问题时更多会依赖过往经验，可能导致做很多无用功却没有解决真正的问题，但如果通过 AARRR（用户获取、用户激活、用户留存、用户收入、用户传播）模型进行数据的收集与分析，就能准确地定位问题所在，给出真正有效的解决方案。

(3) 缓冲风险

数据能够预判可能的风险，举例来说，如果想根据预计的来店人数决定营销费用，来店人数与营销费用之间的正相关程度越高，投入营销费用的效果越好，即投入费用越多，来店人数就增加越多；若相关关系不足，就有可能浪费营销费用。在这一前提下，可以使用 Excel 中的 CORREL 函数得出相关系数，如图 1-12 所示。

作为参考，用数据制成散点图，可以直观地确认出向右上方增长的趋势，如图 1-13 所示。

通过上述过程就能确认来店人数与营销费用的正相关关系，即营销费用投入越多，来店人数就越多。

(4) 通过数据有效激活用户

企业能通过数据有效激活用户，比如在面向客户制订运营策略、营销策略时，希望能够针对不同的客户推行不同的策略，实现精准化运营，以期获取最大的转化率。精准化运营的前提是客户关系管理，而客户关系管理的核心是客户分类。如图 1-14 所示，此处使用 RFM 模型，通过收集每位用户的最近一次消费（Recency）、消费频率（Frequency）、消费金额（Monetary）这三项数据，并做简单的统计分析，就可以对客户群体进行细分，区别出低价值客户、高价值客户，对不同的客户群体开展不同的个性化服务，将有限的资源合理地分配给不同价值的客户，有效激活用户，实现效益最大化。

第1章 数据意识——各行各业为什么都需要数据能力

	A	B	C
1		来店人数（人）	营销费用（万元）
2	2013年4月	2198	269
3	2013年5月	1035	118
4	2013年6月	2230	241
5	2013年7月	1614	148
6	2013年8月	2028	220
7	2013年9月	2606	379
8	2013年10月	2442	376
9	2013年11月	2550	396
10	2013年12月	1735	152
11	2014年1月	2589	251
12	2014年2月	1634	174
13	2014年3月	1425	111
14	2014年4月	2184	200
15	2014年5月	2669	375
16	2014年6月	1468	214
17	2014年7月	2767	282
18	2014年8月	2920	351
19	2014年9月	2458	257
20	2014年10月	1312	186
21	2014年11月	1413	212
22	2014年12月	1186	123
23			
24	相关系数	0.84	公式为=CORREL(B2:B22,C2:C22)
25			

图 1-12　来店人数与营销费用的相关分析

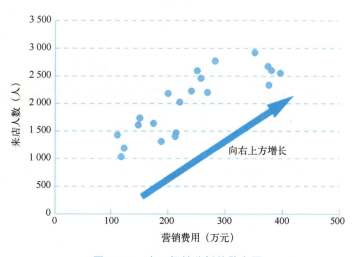

图 1-13　表示相关分析的散点图

图 1-14 使用 RFM 模型进行用户分类

1.1.4 如何通过数据助力个人职业成长

1. 职业成长与数据的关系

职业成长与数据的关系体现在个人和公司两个层面上，如图 1-15 所示。

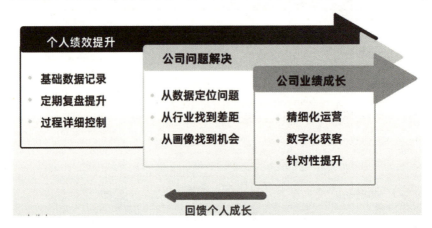

图 1-15 职业成长与数据的关系

首先数据能带来个人绩效的提升，这依托于对日常工作产生的原始数据的记录、定期的复盘提升以及过程的详细控制。这些内容可以体现在日报、周报、月报、对每个项目的复盘以及季度、年度汇总中。举个例子，工作中可以使用 STAR 原则来进行总结，并在总结中体现数据，如图 1-16 和图 1-17 所示。

也可以通过执行过程的输出来监控过程，从而反映项目的当前情况，例如通过甘特图来反映工作完成百分比、活动的开始和结束日期、变更请求的数量、缺陷数量、实际成本和实际持续时间等,如图1-18所示。

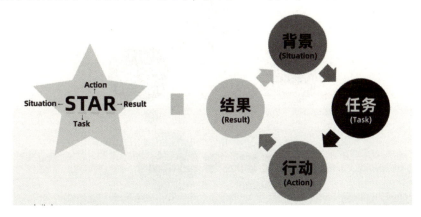

图 1-16　STAR 模型

背景	任务	行动	结果
春节 促销 活动	业绩目标500万 新客获取率17%以上 ARPU值提升至250元	活动促销海报设计, 促销活动1月30日上线 和3家新渠道进行洽谈, 完成一家签约,一家意向 完成高价格sku入库	业绩目标完成513万, 完成率102.6% 新客获取率15%, 和目标差值2% 用户ARPU提升至283元, 超额33元

图 1-17　使用 STAR 模型进行工作总结

04项目进度计划表																	
一、项目基本情况																	
项目名称		T客户考察公司								项目编号			T0808					
制作人		张三								审核人			李四					
项目经理		张三								制作日期			2005/7/8					
二、项目进度表																	
周		0	1					2					3				
开始 || 8 -Jul	9 -Jul	10 -Jul	11 -Jul	12 -Jul	13 -Jul	14 -Jul	15 -Jul	16 -Jul	17 -Jul	18 -Jul	19 -Jul	20 -Jul	21 -Jul	22 -Jul	23 -Jul	24 -Jul	25 -Jul	26 -Jul	责任人	关键里程碑
开工会		■																	7月8日成立项目组
阶段I 邀请客户																	
111 送交邀请函给客户			■	■	■												王五	7月11日送交邀请函给CTO及相关人员
112 安排行程					■	■	■	■										张三	7月14日确定考察人员及行程安排
113 确认来访人员行程						■	■	■										王五	
阶段II 落实资源																	
211 安排我司高层接待资源								■	■	■								张三	7月16日前与公司沟通确认考察安排及资源协调
212 安排各部门座谈人员									■	■								刘峰	
213 确定总部可参观场所										■								刘峰	
阶段III 预定后勤资源																	

图 1-18　使用甘特图反映项目进度

这样就可以利用自身工作产生的数据,不断针对自己的职业目标实施反馈与复盘,找出个人职业成长提升点,如图1-19所示。

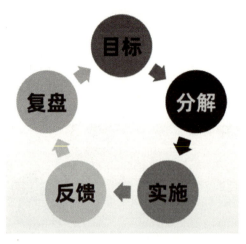

图 1-19 个人职业成长探寻

而在公司层面,对公司问题的解决是个人与公司共同成长的一个核心要点,如从数据出发定位问题、从行业分析中找到差距、从用户画像中找到机会等。如果说帮助公司解决问题是员工的本分,那么帮助公司增长业绩就是员工的机会,比如可以通过精细化运营、数字化运营和针对性的提升来使得自己的业绩不断提升。而在公司问题解决与公司业绩增长逐步实现的过程中,员工也能不断提升自身的数据思维能力以及解决问题的能力,在工作中有所收获,从而实现职业成长。

2. 自我升职加薪的根本原因

从前文可以了解到,自我绩效的突破、解决公司问题以及提升公司业绩是个人职业成长的关键因素,而自我升职加薪的根本原因,其内核就是职业成长。在实践的过程中,要遵循个人绩效提升——发现公司问题——解决公司问题与提升公司业绩——展示成果这一闭环,使数据成为个人职业进阶的阶梯。

1.2 工作的核心——解决问题

1.2.1 工作的核心是什么

企业的目的是创造价值,而能够创造价值的核心是什么?是解决问题,企业的本质就是一个解决问题的组织。一家企业能够创造价值一定是因为在行业内有一些问题没有解决,有一些痛点没有消除,或者说有一部分用户的问题没有被充分解决。而企业存在的价值就是它能够为一部分人解决问题,并形成一个组织,用组织驱动的方法来系统性地、高效地解决问题。

那么,工作的核心又是什么呢?工作的核心是解决细化问题。公司是解决行业内大问题的组织,组织的本质就是不同工种的人员分工协作,所以每个人工作的核心就是细化地解决每个小问题。作为业务骨干,无论是使用数据还是其他工具,其核心都是提高自身解决问题的能力以及扩充解决问题的路径。本节就是让大家通过学习解决问题的六大思维方法来帮助自己提升解决问题的能力。

1.2.2 解决问题的六大思维方法

1. 金字塔原理

麦肯锡公司的首位女咨询顾问芭芭拉·明托在《金字塔原理》一书中介绍了金字塔结构的思维方式,这是一种层次分明、结构化的思考和沟通技术,可以帮助人们高效地思考和表达。

(1) 什么是金字塔原理

简单来讲,金字塔原理就是"以结果或结论为导向的思考、表达过程"。当我们思考或表达一件事情时,可以先提炼出一个中心思想或先抛出最终结论,这个结论下面有几个分论点作为支撑,每个分论点可能会向下延伸出新的论点或需要论据作为支撑,这样一层一层向下延伸,直到不需要再分解和提供支撑为止,这样的结构呈现金字塔状,因而被称为金字塔原理,如图1-20所示。

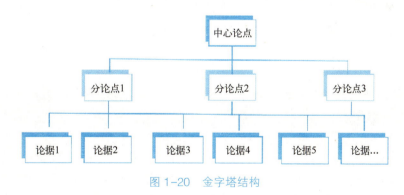

图1-20 金字塔结构

(2) 为什么要用金字塔原理

金字塔原理符合人类思维的基本规律。大脑一次记忆和理解的思想、概念或项目一般不超过7个,为了处理大量信息,大脑会自动将判断为有共性的事物组织归类,并且受众的大脑也只能逐句理解表达者的思想,从中寻找组织和结构的混乱内容会增加大脑的工作量和误判率。因此,预先整理、归纳到金字塔结构形成条理清晰的沟通内容,更容易被人理解和记忆。

在金字塔结构的纵向关系中,上一层的思想会引导受众向其下一层展开疑问并进行回答式的对话,吸引受众的注意力,同时使问题的论述过程非常清晰。

金字塔原理可以帮助人们检查思想的有效性、一致性和完整性,发现遗漏的思想,还可以创造性地扩展思路,因此可以用于思考问题、口头表达和书面表达。

（3）构建金字塔的原则

金字塔原理所遵循的原则是结论先行,以上统下,归类分组,逻辑递进。结论先行就是在进行自上而下的表达时先归纳出中心思想或结论；以上统下就是上一层论点是其下一层分论点或论据的总结概括；归类分组就是每一组的思想必须属于同一个逻辑范畴；逻辑递进就是每一组的思想都要按照逻辑递进的顺序来组织。

金字塔原理还揭示了如何运用 SCQA 架构,即"背景（Situation）、冲突（Complication）、疑问（Question）、答案（Answer）"架构,以讲故事的形式为你所要表达的内容创建一个引人入胜的序言或开场白,让读者和听众抛开杂念,自然而专注地进入你的话题,也就是中心思想。

所谓"背景"就是与主题有关、大家都熟悉并且已经认可或将会认可的内容,这样阐述容易让读者和听众产生共鸣；"冲突"一般是现实情况与期望之间的矛盾,它推动故事情节发展,引发疑问；"疑问"则是针对前面的冲突提问怎么办；"答案"即提出解决方案,也就是将要表达内容的中心思想。

运用 SCQA 架构时,各部分的顺序可以有所变化,但必须包含背景、冲突和答案,比如可以采用"背景-冲突-疑问-答案"的基本结构,也可以采用标准式的"背景-冲突-答案"顺序,或者开门见山式的"答案-背景-冲突"顺序,或者突出忧虑式的"冲突-背景-答案"顺序,以及突出信心式的"疑问-背景-冲突-答案"顺序。

1）MECE 法则——归类分组的技巧。

在归类分组中,将一个整体的论点划分为不同部分时,需要运用 MECE（Mutually Exclusive, Collectively Exhaustive）法则。MECE 法则也叫 MECE 分析法,意为"相互独立,完全穷尽",也就是不重复和不遗漏。

采用 MECE 法则,一方面要求同一组中的思想不重合,保证不会做无用功,提高思考的效率；另一方面要求同一组中的思想不遗漏,保证思维的严谨性,提高思考的质量。

2）演绎推理与归纳推理——金字塔结构中的思考逻辑。

演绎推理是一种由已知思想推导出未知思想的线性推理方法。

归纳推理是将一组具有共同点的事实、思想或观点归类分组,并概括其共性或论点。

金字塔原理的横向关系中,同一组思想之间存在逻辑顺序,具体的顺序取决于各个思想之间是演绎推理关系还是归纳推理关系。在演绎推理的同一组思想中,逻辑顺序即演绎推理的顺序;而在归纳推理的同一组思想中,可以根据情况选择逻辑顺序。

大脑归纳分组的分析活动只有三种:确定因果关系,用时间、步骤顺序;将整体分割为部分,或将部分组合成整体,用结构、空间顺序;将类似事物按重要性归为一组,用程度、重要性顺序,从高到低,先重要后次要。

在金字塔原理的纵向关系中,位于演绎推理过程上一层的思想,是对其下一层演绎过程的概括,重点在于演绎推理过程的最后一步,即由"因此"引出的结论。而采用归纳推理,由下一层同一组的思想推导出上一层的思想时,要掌握两个要点:一是找到能够表示该组所有思想共同点的名词,正确定义该组思想;二是准确识别并剔除该组思想中与其他思想不相称的思想。

金字塔原理是一个高效思考、表达和解决问题的思维模型,掌握结论先行、以上统下、归类分组、逻辑递进的原则,学会 SCQA 结构化表达的工具和 MECE 法则,熟悉金字塔结构横向、纵向之间的逻辑关系,可以帮助人们快速地理解和记忆这套原理。

(4) 使用金字塔原理的核心要点

在使用金字塔原理时有一个核心要点,也是非常实用的方法,叫作"三一法则"。所谓三一法则是指,在跟领导汇报方案或者整理自己思绪的时候,一定要保持一个观点下只留三个论据的基本逻辑,即一个中心、三个基本点。很多著名演讲者,如乔布斯或罗永浩,其实在上很多演讲中都使用了三一法则。

例如,乔布斯在斯坦福大学发表演讲时只讲了三个故事,这三个故事串起来之后表达的主题就是跟随自己的内心(follow your heart)。第一个故事是关于如何把生命中的点滴经历联系起来,第二个故事是关于失去爱,第三个故事是关于死亡的。

而罗永浩在手机发布会上介绍锤子手机时经常从三个点出发——硬件配置、设计和工艺、操作系统和应用软件。用这样的方式去组织思维体系和语言结构,会使自己的思维和表达都变得更清晰和结构化。使用金字塔原理的一些关键点如图 1-21 所示。

金字塔原理可以用于文章、演讲、思维分析等不同的领域,不同领域的金字塔结构也是不尽相同的,在实际工作中可以根据工作任务的不同选择不同的金字塔结构来解决实际问题,如图 1-22 所示。

图 1-21 金字塔原理

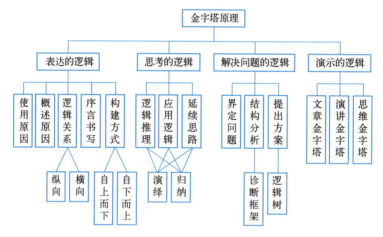

图 1-22 金字塔原理的不同应用

2. 5W2H 分析法

5W2H 分析法广泛用于企业管理和技术活动,对于决策和执行性的活动措施也非常有帮助,也有助于弥补考虑问题时的疏漏。提出疑问对于发现问题和解决问题是极其重要的。创造力高的人都善于提问题,众所周知,提出一个好的问题就意味着问题解决了一半。很多问题都是系统性的,牵一发而动全身,真正影响大局的不是表面问题,而通过 5W2H 分析法就可以找到问题根源,如图 1-23 所示。

举两个例子来说明 5W2H 分析法的应用。

案例一:如何设计一款产品。

这时候可以用 5W2H 分析法明确问题。

- What:这是什么产品?

- When：什么时候需要上线？
- Where：在哪里发布这些产品？
- Why：用户为什么需要它？
- Who：这是给谁设计的？
- How：这个产品要怎么运作？
- How much：这个产品价格是多少？

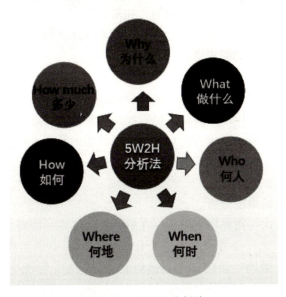

图 1-23 5W2H 分析法

案例二：设计一款 app 的调查问卷。
- What：用 app 做什么事情？
- When：你通常在什么时间使用这款 app？
- Where：你会在什么场景使用它？
- Why：你为什么选择这款 app？
- Who：如果你觉得你喜欢这个产品，你会推荐给谁？
- How：你觉得 app 具有什么功能才是比较新颖的？

How much：如果你认为这是个对你有帮助的 app，你会花什么价格去购买 app 里的服务？

3. 麦肯锡七步分析法

七步分析法是麦肯锡公司根据他们做过的大量案例总结出的一套对商业机遇的分析方法。它是一种在实际运用中对新创公司及成熟公司都很重要的思维工作方法，如图 1-24 所示。

第一步：确定新创公司的市场在哪里？

一是市场是什么？二是在市场中的价值链的哪一端？确定自己的市场在哪里，才能比较得出谁和你竞争，你的机遇在哪里。

第二步：分析影响市场的每一种因素。

找到自身的市场定位后，就要分析该市场的抑制、驱动因素。要意识到影响这个市场的环境因素是什么，哪些因素是抑制、哪些因素是驱动。此外还要找出哪些因素是长期的，哪些因素是短期的。如果这个抑制因素是长期的，那就要考虑是否进入这个市场，还要考虑这个抑制因素是强还是弱。

第三步：找出市场的需求点。

对市场各种因素进行分析之后，便很容易找出该市场的需求点在哪。首先需要对市场进行分析，然后对市场客户进行分类，了解每一类客户的增长趋势。如中国的房屋消费市场总体增长很快，但有些却增长很慢。这就要分析哪一段价位的房屋市场增长快、哪一段价位的房屋市场增长慢，哪类人购买这一价位，它的驱动因素是什么，还要了解客户的关键购买因素，即客户来买这件东西时，最关心的几件事情是什么。

第四步：做市场供应分析。

即多少人在为这一市场提供服务。在整个价值链中，所有的人都在为企业提供服务，因位置不同，很多人是你的合作伙伴而不是竞争对手。如奶制品市场中，有养奶牛的，做奶制品的，还有做奶制品分销。如果公司要做奶制品分销，那么前两个上游企业都是合作伙伴。不仅如此，还要结合对市场需求的分析结果，找出供应伙伴在供应市场中的优劣势。

第五步：找出新创空间机遇。

供应商如何覆盖市场中的每一个部分？从这里能找到商机，新创公司必须抓住这一机会。这样分析后最大的好处是，在关键购买因素增长极快的情况下，供应商不能满足它，而新的创业模式正好能补充它，这就是创业机会。这一点对新创公司和大公司同样适用。对新创公司来讲，这是要集中火力攻克的一点，也是能吸引风险投资商的一点。

第六步：创业模式的细分。

知道了市场中需要什么、关键购买因素是什么，以及市场竞争中的优劣势，就能找出新创公司竞争需要具备的优势是什么，可以根据形成这一优势所需的条件来设计商业模式。对于新创公司来讲，第一步是占领市场，需要大量的合作伙伴，但随着公司的发展，自有的知识产权会越来越多，价值链会越来越长。

第七步：风险投资决策。

以上六点作为对商业机会的分析，大小公司都可以运用，而第七点就是针对VC（风险投资商）的。VC主要看投资的增值能力，什么时候投、投多少，这要结合 VC 自身的财务能力、背景、经历来决定。VC 投的不只是钱，而是需要考虑各方面的因素的。风险投资决策过程如图 1-24 所示。

图 1-24　风险投资决策

4. 思维导图

思维导图英文是 The Mind Map，又叫心智导图，是表达发散性思维的有效图形思维工具，它简单又高效，是一种实用性很强的思维工具。

思维导图运用图文并重的技巧，把各级主题的关系用相互隶属与相关的层级图表现出来，把主题关键词与图像、颜色等建立记忆链接。思维导图充分运用左右脑的机能，利用记忆、阅读、思维的规律协助人们在生活和工作中建立知识和解决问题的网络。下面通过几个例子来看一下思维导图在工作中的应用。

案例一：电话营销的工作准备。

如果你是一位电话营销专员，你一天要打很多电话向各种客户推销产品，这时就可以利用思维导图来梳理电话营销的整个流程、营销话术、一些重要细节等。这样你每打一个电话时就能清晰地知道自己该向客户传达哪些重点，从而大量节省自己和客户的时间，达到比较好的营销效果。一个简单示例如图 1-25 所示。

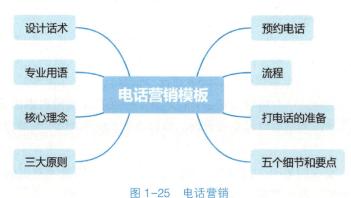

图 1-25　电话营销

案例二：仓库管理。

如果你是一位仓库管理员的话，就可以利用思维导图梳理仓库的一些管理规定、出入库流程，这样不仅可以提醒你严格执行仓库的管理规定，还可以让你对出入库流程有个整体的了解，大大降低工作中出错的概率。示例如图 1-26 所示。

案例三：促销方式的探索。

现在的商品促销方式多种多样，太过普遍的促销方式已经很难引起消费者的

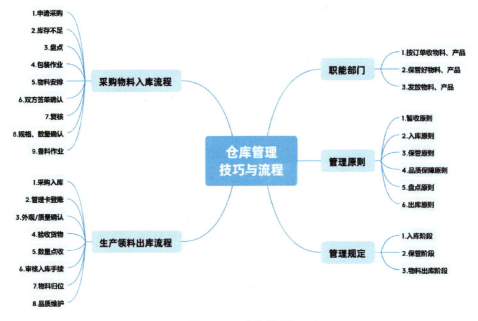

图 1-26 仓库管理

注意,所以需要构思出既能吸引消费者消费,又能让自己利润最大化的促销方式,这时候就可以利用思维导图列举出已知的各种促销方式和它们的优缺点,从而对比、思考出更好的促销方式。示例如图 1-27 所示。

案例四:营销增长点分析。

脑白金自 1997 年上市以来,以"今年过节不收礼,收礼只收脑白金"的广告语变成家喻户晓的品牌,6 年蝉联保健食品销量第一,其创始人史玉柱被誉为"营销天才",由此可见营销对产品的重要性。但是从来就没有固定的营销方法,营销方法都是靠自己结合市场需求、目标顾客、产品状况慢慢摸索出来的,这时可以使用思维导图来辅助自己思考营销的增长点。示例如图 1-28 所示。

5. 鱼骨图

鱼骨图(又名因果图、石川图)指的是一种发现问题根本原因的分析方法,可以分为问题型、原因型及对策型等。

鱼骨图是拆解问题的一种好方式。举例来说,遇到市场部库存过多这一问题时,就可以使用鱼骨图去做问题分析和拆解,比如可以把库存过多这个大问题拆分为出货的问题、方法的问题、订单的问题、订单需求预测的问题和流程的问题,每一个分支问题下又会有新的问题分支,如出货方面包括未按时提货、货运公司运输能力限制、客户未按期付款等问题,如图 1-29 所示。

图 1-27 促销方式的探索

6. SWOT 分析法

S（strengths）是优势、W（weaknesses）是劣势、O（opportunities）是机会、T（threats）是威胁。

所谓 SWOT 分析，即基于内外部竞争环境和竞争条件下的态势分析，就是将与研究对象密切相关的各种主要内部优势、劣势和外部的机会和威胁等通过调查列举出来，并依照矩阵形式排列，然后用系统分析的思想把各种因素相互匹配起来加以分析，从中得出一系列相应的结论，而结论通常带有一定的决策性。

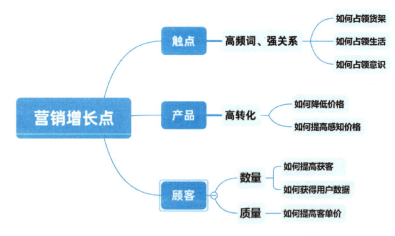

图 1-28　营销增长点

运用这种方法可以对研究对象所处的情景进行全面、系统、准确的研究,从而根据研究结果制订相应的发展战略、计划及对策等。

图 1-29　鱼骨图

SWOT 分析法常常被用于制订集团发展战略和分析竞争对手情况,在战略分析中,它是最常用的方法之一。进行 SWOT 分析时,主要有以下几个方面的内容。

(1) 分析环境因素

运用各种调查研究方法,分析出公司所处的各种环境因素,即外部环境因素和内部能力因素。外部环境因素包括机会因素和威胁因素,它们是外部环境中对公司的发展直接有影响的有利和不利因素,属于客观因素;内部环境因素包括优势因素和弱点因素,它们是公司在其发展中自身存在的积极和消极因素,属于主观因素。在调查分析这些因素时,除考虑历史与现状外,更要考虑未来的发展问题。

(2) 构造 SWOT 矩阵

将调查得出的各种因素根据轻重缓急或影响程度等排序方式放入 SWOT 矩阵。在此过程中,将那些对公司发展有直接、重要、大量、迫切、久远影响的因素优先排列出来，而将那些间接的、次要的、少许的、不急的、短暂的影响因素列在后面。

（3）制订行动计划

在完成环境因素分析和 SWOT 矩阵的构造后，便可以制订出相应的行动计划。制订计划的基本思路是：发挥优势因素，克服弱点因素，利用机会因素，化解威胁因素；考虑过去，立足当前，着眼未来。运用系统分析的综合分析方法，将排列与考虑的各种环境因素匹配起来加以组合，得出一系列公司未来发展的可选择对策。如图 1-30 所示，在 SWOT 分析之后可以用 USED 技巧来产出解决方案，USED 即"用、停、成、御"——如何善用（Use）每个优势？如何停止（Stop）每个劣势？如何利用（Exploit）每个机会？如何抵御（Defend）每个威胁？

图 1-30　SWOT 分析法

1.3　用数据理解企业业务

1.3.1　快速掌握企业的基本面

通过数据能够快速掌握企业的基本面，这体现在三个方面。

（1）数据可以将企业经营行为转化为可评估的量化指标

现代管理学之父彼得·德鲁克说过，"如果你不能衡量，那么你就不能有效增长"，而业务应该用统一的标准来衡量，唯一能用作统一标准的就是数据指标，比如用户数据、行为数据、产品数据、生产数据等，都能从多维度评估企业的经营行为及其产生的效果。例如，销量可以在一定程度上代表产品的受欢迎程度，但是也要结合业务的实际情况以及使用正确的数据分析方法。通过数据分析人员的统计、转化可以将企业的人、货、场转化为具体的经营指标和数字，如销售额、获客数、转化率、复购率、产品库存数、周转率等。企业经营者可以通过不同部门的指标达成情况来掌握整个公司和各个部门的经营情况。

（2）数据分析能够及时发现问题，并追根溯源

数据分析人员可以通过各种数据分析方法和思维来发现企业经营中的问题。为企业搭建一个简单的指标体系，能够提供基本的分析思路。主要可以从三个角度思考。

思路一：从指标组成逻辑分析原因。

销售额环比下降20%，分析其影响因素。可以用指标组成逻辑来进行分析：销售额等于订单数乘以订单价，在这一过程中可以发现，订单价环比升高了5%，而订单数环比降低了25%，所以这两个相乘之后才造成环比下降的情况。继续分析订单数到底为什么会下降25%，原因可能是客户数环比下降30%，而人均订单数环比升高了5%。如果还原业务场景，则很有可能是，在这个过程中，由于我们掌控了一些资源而进行了调价，资源的稀缺性使得一部分客户愿意买更多的产品从而增加了订单数，但又由于价格的提升导致有些客户无法接受而产生了客户流失，直接降低了30%，最终反映到了销售额上，如图1-31所示。

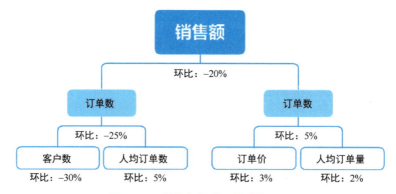

图1-31　从指标组成逻辑分析原因

思路二：从渠道组成分析原因。

从渠道组成分析原因首先要确定存在哪些渠道，而后根据销售额的变化追溯各渠道的问题。例如，全渠道的销售额环比降低了20%，在分析的过程中发现渠道A降低了25%，渠道B下降了2%，渠道C还上升了1%。根据这样的结果，需要进一步分析渠道A到底发生了什么事情，他们的用户有什么样的特点，是由于渠道代理商跟我们的关系产生了问题、不愿代理我们的货物，还是这一渠道上的用户具有某种特点而造成了这样的结果。同时也可以去分析是哪些原因使渠道C的销售额提升，是否能为其他渠道提供借鉴，如图1-32所示。

思路三：从品类组成分析原因。

还可以从不同品类出发去分析销售额变化的原因。例如，品类总环比下降了

20%，品类 A 的销售额降得比较多，而品类 C 的销售额还在提高，那么就要去思考品类 A 在这个过程中是用户变少了，还是出现了其他问题，也就是可以按照金字塔原理逐层进行拆分，更快地找到根本问题，如图 1-33 所示。

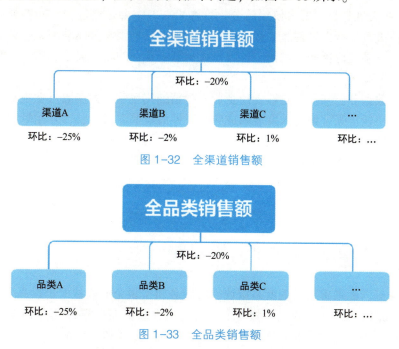

图 1-32　全渠道销售额

图 1-33　全品类销售额

（3）数据分析可以优化企业产品健康度和员工的整体素质

数据分析人员通过数字指标量化的评估方式来评估产品或者员工的当前水平，并且可以根据二维（满意度、销售额）四象限法对产品或者销售划分类别，优胜劣汰。

1.3.2　进行业务决策

数据分析可以为业务发展提供策略和方向。在企业经营中，为了能给业务提供策略和方向，数据分析人员研究出很多的业务增长理论和方法，包含渠道分析、AARRR 模型、漏斗模型、相关性分析等，可以帮助进行业务决策。

1）渠道分析：正常来讲，一家公司的业务来源于多个渠道，比如天猫、京东、拼多多、线下门店等，通过对不同渠道的数据进行对比分析，可以寻找发展的机会点。

2）AARRR 模型：包含用户获取（Acquisition）、用户激活（Activation）、用户留存（Retention）、用户收入（Revenue）、用户传播（Referral）5 个用户生命周期，可以针对不同生命周期进行分析来调整整体业务发展策略。

3）漏斗模型：漏斗模型可以看作一种线性的思考方式，它能对任意事件或者用户行为的转化进行问题定位。当然漏斗模型也可以和 AARRR 模型结合使用，从 AARRR 模型每个生命周期的转化进行分析。

4）相关性分析：经常使用的分析方法之一，主要是通过对不同特征和数据间的关系进行分析，发现业务运营中对应的关键影响因素及驱动因素，并且可以对业务的发展进行预测。比如广告曝光量和营销花费的相关关系、销售人数和用户增长的关系等。

通过数据分析和监测能够支持企业进行精细化运营。大多数行业最初的阶段一般都会快速扩张，但进入发展和成熟的时期后就要谋求增长，开始针对已有用户进行精细化运营，以求挖掘出每个用户最大的商业价值。

在支持业务进行精细化运营的过程中，数据分析可以帮助企业逐步搭建用户画像、利用用户分群运营等工具、通过 A/B 测试等方式，来帮助企业进行精细化的运营。

1.3.3 平衡企业的投入和收益

企业经营的最重要目的就是赚钱，所以必须实现企业收益大于投入，即 ROI（Return on Investment，投资回报率）大于 1。大数据时代逐渐衍生出了精准营销、销售预测、个性化商品推荐、商品智能补货或定价等新兴应用，数据分析人员可以利用各种大数据工具来帮助企业实现企业收益大于企业投入，如图 1-34 所示。

图 1-34 平衡企业的投入和收益

第1章 数据意识——各行各业为什么都需要数据能力

投资回报率 ROI =（税前年利润/投资总额）×100%，是指企业从一项投资性商业活动中得到的经济回报，是衡量一个企业盈利状况所使用的比率，也是衡量一个企业经营效果和效率的一项综合性指标。数据分析人员可以从业务各环节的成本和收入两个维度来分析业务的整体 ROI 以及各环节 ROI（如推广 ROI = 收入/推广成本），从而制订出降本增效的有效方法，如图 1-35 和图 1-36 所示。

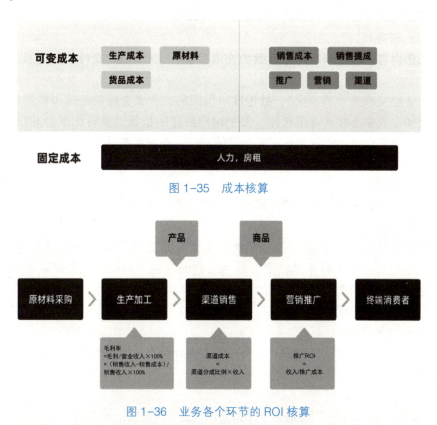

图 1-35 成本核算

图 1-36 业务各个环节的 ROI 核算

1.4 用数据思维提升岗位竞争力

1.4.1 理解岗位

随着分工的精细化，企业里的岗位越来越多。读者不必细致地了解每一种岗位，但可以根据岗位的核心工作内容、工作对象以及交付物把岗位划分为四个层面（如图1-37所示），从而更深入地理解岗位。

（1）动作层

工作内容：撰写文档，项目推进；**工作对象/交付物**：文档，项目。

很多职场人容易被困在动作层，也就是"专员"层，这一层面做的是事务性工作，即劳动密集型事务，属于执行层的最底层，因为其工作属性为高确定性，所以只需要对一个动作的具体结果负责即可。

（2）任务层

工作内容：通过判断力和洞察力完成目标；**工作对象/交付物**：业绩、数据结果。

任务层又称为"经理层"，处于这一层面的工作者会接收公司布置的各种任务，比如完成某个收入业绩指标、某个用户留存的指标以及转化率提升指标等。这一层面的工作目标不应聚焦于某个具体动作，而是要找到公司行为背后的目标是什么，也就是要通过判断力和洞察力完成公司目标。

（3）管理层

工作对象：部门；**能力提升要点**：市场分析、竞争分析、部门管理、从几个数到一组数的变化。

管理层又称"总监层"，这一层面的工作对象变成了整个部门。这个阶段的工作成果要从几个数的考量转变为对一组数的考量，该岗位人员需要通过对市场、竞争的分析来决策整个部门的战略方向，同时要对部门中的各个经理进行管理，以协助自己实现部门业绩目标。

（4）决策层

工作对象：企业；**交付物**：公司；**能力提升要点**：战略管理、承担压力、配置资源。

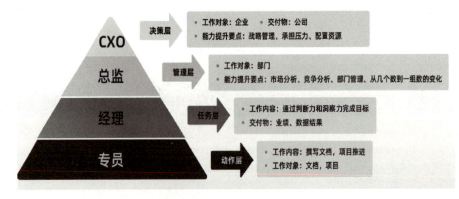

图1-37 岗位类型划分

决策层的工作对象是一个企业。这一层面所需的能力提升要点在于战略规划与管理，如何承担压力和配置资源，即决策层不再是只知道一条路该怎么走，而是如何带领一个组织完成企业整体业绩目标。

1.4.2 当代业务骨干应该具备的职业能力

在传统的认知中，一名业务骨干需要具备超高的应变能力、良好的表达能力、敏锐的观察能力、把握时机的能力和非常强的社交能力，但是在数字化时代，还要求他们具备数字化沟通能力、数字化业务分析能力，以及数字化业绩呈现能力，而职业晋级之路的核心就是从动作层成长到任务层、管理层，再到决策层，实现跨越。在不同层面之间实现跨越的核心是什么呢？就是跨越确定性门槛，即工作不是一个个的既定工作任务（这些工作内容是具有高确定性的），而应该转变为"所有动作都是为了达到核心目标"，这个时候的工作才是真正的决策层面的内容，是具备创造性的智力密集型工作。如果长久地停留在图1-38左侧的高确定性范围之内，做的是低价值工作的可能性就会更高，很容易被人替代。而如果做的是一些低确定性的工作，才真正能够拓宽职业疆界。

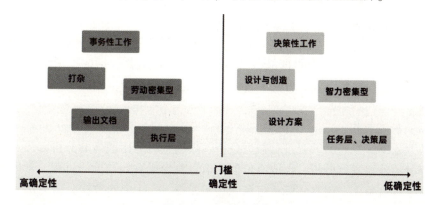

图1-38　门槛确定性

1.4.3 业务数据分析六部曲

通过对岗位的深入理解可以发现，有效的数据分析和应用在职业成长中具有非常重要的作用。在实际应用中，可以通过业务数据分析六部曲来实现对数据的有效分析，如图1-39所示。

（1）明确目的

首先明白数据分析的目的，梳理分析思路，并搭建整体分析框架，对分析目的进行拆解。详细来说就是：理解分析目的，决定如何开展数据分析、需要从哪几个角度进行分析、采用哪些分析指标（各类分析指标需合理搭配使用）。同时，确保分析框架的体系化和逻辑性。

图 1-39 业务数据分析六部曲

（2）数据收集

根据数据分析的目的和需求，对数据分析的整体流程进行梳理，找到匹配的数据源，进行数据获取与分析。一般数据来源于四种渠道：数据库、第三方数据统计工具、专业调研机构的统计年鉴或报告以及市场调查。

（3）数据处理

在数据收集过程中会获得多个维度的数据，其中存在有效数据和无效数据，这时就要根据分析目的对数据进行处理。处理方式主要包括数据清洗、数据转化、数据提取、数据计算等方法，这一过程将各种原始数据加工为业务需要的易读数据。

（4）数据分析

数据处理好之后，就要进行数据分析。数据分析是用适当的分析方法及工具对处理过的数据进行分析，提取有价值的信息，形成有效结论的过程。常用的数据分析工具有很多，但在实际业务场景中，掌握 Excel 中的数据分析方法就能解决大多数业务数据分析问题。

（5）数据展现

这一环节用来确定要表达的主题，确定使用哪种图表、哪些数据来制作图表，检查是否真实反映数据以及是否能够表达观点，如图 1-40 所示。

（6）撰写报告

撰写报告一定要图文结合，清晰明了，尤其是框架一定要清楚，能够让阅读者读懂。结构清晰、主次分明的报告可以使阅读者正确理解报告内容。当然，好的数据分析报告一定要有明确的结论、建议或解决方案，这才是数据报告的最终目的。

第1章 数据意识——各行各业为什么都需要数据能力

要表达的 数据和信息	饼图	柱形图	条形图	折线图	气泡图	其他
成分 (整体的一部分)	 ●	 ▅▆	▬▬			 ◐
排序 (数据的比较)		 ▅▆	 ▬▬		∴	 ⟋⟍
时间序列 (走势、趋势)		 ▅▆		 ∿		 ▲
频率分布 (数据频次)		 ▅▆	 ▬▬	 ∿		
相关性 (数据的关系)		 ▅▆	▬▬			 ∴
多重数据比较						 ☆

图 1-40 数据展现

第 2 章
数据获取——如何获取有用的数据

在理解数据思维对个人成长以及企业业务的重要性后，还需要掌握数据思维在工作中的实操方法。数据能力可以分为数据获取、数据分析以及数据应用三个环节，本章主要介绍数据获取环节需要掌握的方法、工具以及需要注意的事项。

2.1 数据埋点的思路与方法

数据分析对于产品迭代与运营具有极为重要的指导意义，在讨论如何进行数据分析之前，需要了解数据采集这一基础工作。数据采集可分为线上采集和线下采集两类。顾名思义，线下采集是指在线下完成的数据收集工作，如线下调查、用户访谈等。而数据埋点是互联网领域非常重要的数据获取方式。

常规意义上，数据埋点是指数据产品经理、数据运营以及数据分析师基于业务需求、产品需求对用户行为每一个事件对应的位置进行开发埋点，并通过 SDK（软件开发工具）上报埋点的数据结果，汇总数据后进行分析，推动产品优化或指导运营。在本书中，将通过讲解数据埋点这一互联网概念在各行各业线上及线下业务场景中的应用，来梳理数据获取的思路。

2.1.1 埋点的作用

1. 优化产品+精准客户运营

数据埋点可以帮助企业进行产品优化和精准化客户运营。例如，如果想对转化率低的某个商品通过埋点的方法找到购买意愿低的原因，就可以去获取进店用户数据、用户看到该商品的数据、拿起或接触该商品的数据、询价的数据以及最终购买的数据。当获取这些数据后，就可以去探寻转化率低的原因——是不是摆放位置的原因？还是价格设置的原因？从这些假设性问题中，可使用漏斗模型找到造成转化率低的真正原因，进而找到优化产品的切入点，标准化运营、降低各阶段转化率的流失。

2. 提高渠道转化

根据不同渠道的业务指标进行埋点处理，能够选出优质渠道或优化原有渠道。例如，可以将不同厂家的商品销售情况进行数据埋点处理，给予销量最多的商品最多的资源；或对不同的广告渠道做埋点处理，给予获客率最高的商品更多的资源。这两种是比较简单的数据埋点。如果想更有针对性地了解各渠道转化的具体问题，可以通过更细致的数据埋点获得多维数据指标，并以此为依据进行资源的合理配置，同时制订针对性的改善措施。

3. 完善客户画像

通过埋点产品数据能够反向推演出用户画像。通过对不同定位的产品进行埋点处理，能够推演出用户的消费定位和人口学属性。例如，现在有三种商品：哑铃、瑜伽垫和太极剑，它们的用户画像分别为年轻男士、年轻女士和老年男性，那么可以对这三款产品的销售数据进行埋点处理，比较不同渠道的销售数据、不同年龄段人群的下单数据、好评的数据等，并反向推演或验证用户的消费定位以及人口学属性，从而验证原用户画像的合理性。

总的来说，数据埋点是一种常用的数据采集方法，能够帮助相关人员系统性地分析复杂的用户数据。它能够实现对用户行为的追踪，以及记录行为发生的具体细节；对一些关键节点、关键按钮进行监测（比如关键路径的转化率）；统计核心业务数据，作为数据分析与应用的基础。

2.1.2 埋点的三个阶段

埋点的三个阶段如图 2-1 所示。

1. 需求分析阶段

需求分析阶段即"事件"阶段，需要弄清楚发生了什么事件，要解决什么问题，可以通过以下五个步骤进行。

（1）确定范围

在工作开始之前先明确本次设计的边界，在划定业务边界之后，针对业务范围内的产品结构、业务逻辑、功能及业务目标等分析各项数据需求。

图 2-1　埋点的三个阶段

(2) 理解业务

业务诉求是需求分析的灵魂，发掘业务的真实诉求是需求分析的关键之道。简而言之，理解业务就是弄清"做这件事情的目的是什么？""想要获得什么样的成效？""为用户带来什么价值""为企业创造什么价值？"，比如是为了增强客户黏性、提高转化率还是帮助用户快速决策产生购买行为。

(3) 梳理产品逻辑

明确了业务目标，下一步就是梳理产品的逻辑，也就是说确定了目标之后，如何来实现这个目标。包括从业务逻辑、用户体验等角度来进行动线设计等内容。

(4) 梳理数据需求

在梳理产品逻辑结构之后，根据产品的设计逻辑和业务目标分析数据需求。数据需求也就是如何通过数据评价产品，以及可以采集哪些数据去做用户特征分析。需要采集的数据主要包含以下几类。

1) 用户行为数据：时间、地点、人物、交互等数据。

2) 产品质量数据：线上主要包括页面加载情况、异常或错误情况等，线下包括残品率、返修率等。

3) 环境数据：环境参数、地理位置、运营商等数据。

4) 运营相关数据：线上包括页面访问数量、停留时长、跳出率、转化率等页面分析和行为分析指标等方面；线下包括进店量、店内停留时间、触摸率、询价率以及成交率等。

(5) 确定数据分析指标

最后是根据前期的分析结果，针对各方的业务需求确定数据分析的指标。不同的产品业务方需求不同，比如运营方更关注活动上线后的运营情况，产品方则关注功能的使用情况等。

2. 设计阶段

埋点是为了满足快捷、高效、丰富的数据应用而做的用户行为过程及结果记录。线上的埋点方案是需求分析文档 DRD 格式文件，如同产品输出的 PRD 格式文件，在业务需求分析的基础上整理出完整的输出埋点方案，明确埋点范围、埋点方式、埋点事件及采集的数据结构和属性特征等详细设计内容，以方便研发、测试等技术人员理解并进行项目开发，同时还可供业务人员查阅参考，理解埋点采集的相关事件及数据指标等情况，尽快熟悉数据结构，提高工作效率。在线下可以用 Excel 表格进行埋点方案的设计和后续的记录。

3. 实践阶段

实践阶段也就是属性值阶段，即收集相应的数据之后，在线下可以采用电子文档、系统或纸质笔记的方式将表格中每个属性的值填上。比如在生产端某焊接流程中，需要每小时完成 5 件产品的焊接工作，良品率是 98%，一个工序的时长为每件 12 分钟，需要上游完成什么样的交付、给下游提供什么样的产出，以及其中有哪些需要收集的数据指标，都是在实践阶段需要完成的内容。

案例：服装店生意差的原因。

需求分析阶段（事件）：

某服装店最近生意很差，不知道原因，希望通过设计埋点了解经营情况，解决转化率低的问题。

设计阶段：

生意差＝利润少，利润＝收入－支出，再将收入和支出逐级拆解，如图 2-2 所示，得到解决这一问题的关键数据指标体系，以及要收集的具体数据。

实践阶段：

图 2-2 中，销售出去的每款服装的单价、进货时每个款式的单价、每个款式的进货量对应的最后一行内容均为属性值，收集后分析即可。

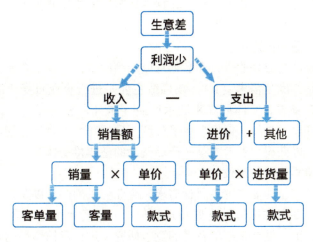

图 2-2 服装店经营

2.1.3　如何做好业务埋点需求分析

1. 了解产品基本逻辑

（1）产品定位：产品定位五步法

第一步：目标市场定位。

目标市场定位是一个市场细分与目标市场选择的过程，即明白为谁服务（Who）。在市场分化的今天，任何一家公司和任何一种产品的目标顾客都不可能是所有人，因而需要确定细分市场的标准并对整体市场进行细分，对细分后的市场进行评估，最终确定所选择的目标市场和目标人群。

目标市场定位策略如下。

1）无视差异，对整个市场仅提供一种产品。
2）重视差异，为每一个细分的子市场提供不同的产品。
3）仅选择一个细分后的子市场，提供相应的产品。

第二步：产品需求定位。

产品需求定位是了解需求的过程，即满足谁的什么需要（What）。产品定位过程是细分目标市场并进行子市场选择的过程。这里的细分目标市场是对选择后的目标市场进行细分，选择一个或几个目标子市场的过程。对目标市场的需求确定，不是根据产品的类别进行，也不是根据消费者的表面特性来进行，而是根据用户的需求价值来确定。用户在购买产品时，总是为了获取某种产品的价值。产品价值组合是由产品功能组合实现的，不同的用户对产品有着不同的价值诉求，这就要求提供与诉求点一致的产品。在这一环节，需要调研需求，这些需求的获得可以指导新产品开发或产品改进。

第三步：产品测试定位。

产品测试定位是对企业进行产品创意或产品测试，即确定企业提供何种产品或提供的产品是否满足需求（If）。该环节主要是进行企业自身产品的设计或改进，通过使用符号或者实体形式来展示产品（未开发和已开发）的特性，考察消费者对产品概念的理解、偏好、接受程度。这一环节需要从心理层面到行为层面来深入探究，以获得消费者对某一产品概念的整体接受情况。

第四步：差异化价值定位。

差异化价值定位即需要解决目标需求、企业提供的产品以及竞争各方特点的结合问题，同时要考虑提炼的这些特点如何与其他营销属性结合（Which）。在上述研究的基础上，结合基于消费者的竞争研究，进行营销属性的定位。一般的产品独特销售价值定位方法（USP）包括从产品独特价值特色定位、从产品解决问题的特色定位、从产品使用场合/时机定位、从消费者类型定位、从竞争品牌对比定位、从产品类别的游离定位、综合定位等。在此基础上，需要进行相应的差异化品牌形象定位与推广。

第五步：营销组合定位。

在确定满足的目标用户需求与企业提供的产品之后，需要设计一个营销组合方案并加以实施。这不仅是品牌推广的过程，也是产品价格、渠道策略和沟通策略有机组合的过程。正如菲利普·科特勒所言，解决定位问题，能帮助企业解决营销组合问题。营销组合——产品、价格、渠道、促销——是定位战略、战术运用的结果，因为在产品差异化很难实现时，必须通过营销差异化来定位。今天你推出任何一种新产品畅销不过一个月，就马上会有模仿品出现在市场上，而营销差异化要比产品模仿难得多，因此，仅有产品定位已经远远不够，企业必须从产品定位扩展至整个营销的定位。

（2）用户群体：五个方法快速了解用户群体

方法一，做好用户沟通。

做好用户沟通，其实并不是一件很简单的事情。从沟通渠道上来讲，可以跟用户进行线上沟通，也可以进行线下沟通；从沟通专业度来讲，可以对用户进行深度访谈，也可以与用户浅谈辄止；从沟通规模来讲，可以一对一与用户聊天，也可以一对多与用户聊天。通过不同的沟通方式取得的信息也是不同的，只有多方式、高频率地与用户沟通，才能逐步了解用户的真实需求与心理。

方法二，进行数据分析。

通过数据分析了解用户的基本特征。常规的数据分析包括两种：第一，通过对产品数据的分析了解用户的喜好与属性；第二，通过问卷调研的形式，对用户数据进行量化分析，了解用户的特点。

对产品数据的分析，主要结合产品的特点来看。比如视频类产品可能以播放量为主要依据，电商类产品可能以成交量为主要依据。以 UC 浏览器订阅号为例，其运营者通过对全平台内容的阅读、转发、分享等维度的数据进行分析，了解用户基本的内容喜好，再通过对一天 24 小时内用户活跃度与不同内容的分析，得出什么时段推出什么样的内容，用户会更喜欢。

而问卷调研的形式关键在于样本数量要大、覆盖层次较全，需要将平台各个类别的用户都统计到。通过对问卷结果的分析，能够了解用户的年龄层、职业、行业、地域等基本特征。

方法三，了解用户画像。

了解用户画像对于快速了解用户非常有帮助。用户画像的调研比较复杂，涉及基础数据采集、分析建模等过程，一般由专业的用户研究员（UE）完成。可以找到相关的同事或者领导，得到产品的用户画像资料，从而快速了解用户。也可以通过一些行业内的数据分析网站，如百度指数、阿里指数等，了解用户的人群属性。例如，在百度指数中输入"UC"，可以大致得到以"UC"为关键词进行搜索的用户属性，包括性别比例、年龄分布、兴趣分布等。

方法四，解读行业报告。

解读行业报告也是了解用户特点的一个巧妙方法，通常可以去一些发布行业报告的网站，如易观、企鹅智酷等了解业务分析所需的信息。这些行业报告不仅覆盖面广，包括游戏行业、视频行业、新媒体行业等，甚至还有对不同年龄用户的特点分析，如企鹅智库的《"95后"新生代社交网络喜好报告》。通过对这些行业报告的解读，可以树立全局视野，快速了解行业内用户的一般特征。

方法五，模仿用户。

要想了解用户，最好的办法就是把自己当成用户，将自己放在普通用户的场景中去体验产品的各项功能，从而揣摩用户的反应和心理感受，了解用户的真实需求。随着互联网的普及，各种各样的产品层出不穷。譬如某个主推互联网快消的女性消费品牌，其创始人是一名男士，但为了更好地设计产品，他曾亲自去体验和研究市面上各种款式的相应产品，从而了解用户的实际需求。

(3) 用户需求：六步法快速了解用户需求

方法一：数据分析。

虽然数据分析应放在第一位，但在业务初期（这里的初期有两层意思，一是有可能这个业务是新的，二是对于具体的业务人员来说，这个业务之前没有做过），数据分析也比较重要，但不是最重要的。首先是因为很有可能比较完善的数据指标和报表还没有建立，手上没有足够多的数据；其次是业务人员面对的是冷冰冰的数据，揣摩不透数据背后的真实意义，对业务或用户缺乏感性的认识。

对用户的认识，用户画像比较全面，能够覆盖所有用户的特征时效果较好。但是对于业务人员来说，用户的形象越具体越好。数据分析能提供比较全面的用户画像，但是对于具体的用户情感和判断，数据分析无法提供。也就是说，初期仅仅依赖数据分析是远远不够的。

方法二：问卷调查。

问卷调查是用户研究或市场研究中的一种常用方法，通过这种方法可在短期内收集大量回复，而且借助网络传播的调研成本也比较低，所以得到了广泛的使用。由于问卷调查的基本形式是设计问题，提供选项供用户填写，所以更适合收集用户对现有产品的态度、基本习惯信息和人口统计学特征等，不太适用于探索新需求、新问题（无法提供选项，而用户自己填写意见/建议的比率也非常低），但是其具有投放成本低、参与成本低的特点，特别适合需要大量样本的用户研究项目。

方法三：深度访谈。

通过调查问卷能够对用户的需求有初步的把握，如果想更精准、深入地挖掘用户需求，就需要对潜在用户群做深度访谈。深度访谈是用户研究中常用的方法及基础工具。它不像问卷调查那样需要较大的样本量，而是更重视样本的质量，因此有几个典型用户作为访谈对象即可。在访谈前就希望了解的内容拟定一份访谈提纲，再有目的地进行访谈，以此了解不同阶段的用户需求维度差异、频率差异以及生命周期差异等内容。深度访谈这一方法十分"百搭"，它可以和多种用户研究方法结合，如可用性测试、观察法、问卷法、日志数据分析等。

方法四：焦点小组访谈。

前面的方法是针对潜在用户的交流，对于已有用户的产品需求可以采用焦点访谈的方式进行。焦点小组访谈法又称为小组座谈法，就是采用小型座谈会的形式挑选一组具有同质性的消费者或客户，由一个经过训练的主持人以一种无结构、自然的形式与一个小组的具有代表性的消费者或客户交谈，从而获得对有关问题的深入了解。焦点小组访谈主要有两个特殊作用：一是深入探索为数不多的研究主题，团体焦点访谈适合迅速了解用户对某一产品、计划、服务等的印象，诊断新计划、服务、产品（如开发、包装）或广告中潜在的问题，收集研究主题的一般背景信息，形成研究假设，了解团体访谈参与人对特定现象或问题的看法和态度，为问卷、调查工具或其他数量化的研究所采用研究工具的设计收集资料等；二是为大规模分析、定量调查提供补充。团体焦点访谈可在定量调查后进一步收集资料，以便更全面地解释定量研究结果。

方法五：观察法。

观察法是研究者根据一定的研究目的、研究提纲或观察表，用自己的感官和辅助工具直接观察研究对象，从而获得资料的一种方法。观察法需要明确用户研究的主题，一般包含几个方面：什么场景内、研究的对象、什么环境、平时的生活习惯、研究的问题，或者某一个特定的情景条件。确定好研究的方向后，就需要将观察具体化和指标化。如果是改良型的设计项目，在研究者对研究对象、产品、情景等几个方面都比较了解的情况下，结构化的观察会提供更集中、更量化的数据分析，那么对于以创新为目标的项目，非结构化的访谈更为适合，可以引发访谈对象一起思考。比如，在电商 app 中，您最希望添加什么功能，而不是您觉得商品对比的功能怎么样。

另外对于观察信息的整理，可以使用 PEPTFM 框架——第一个 P 代表 People，即被观察者；E 代表 Environment，指被观察者所在的环境；第二个 P 代表 Product，指被观察者使用的产品；T 代表 Time，指被观察者使用功能的时间或路径操作时间；F 代表 Feedback，指被观察者在事件中得到的反馈；M 代表 Memorable，指在事件中令被观察者难忘的是什么（优缺点），如图 2-3 所示。

PEPTFM框架

People	Environment	Product	Time	Feedback	Memorable
谁	在什么环境下	使用的产品	使用的时间	动作、神情的反馈	难忘的优点、缺点

图 2-3　PEPTFM 框架

方法六：电话回访。

在用户调研和用户回访过程中，对话的内容并不是随机产生的，而是精心设计的，移动客服、大型银行客服等，所有客服人员说的话都是相同的，这样的标准化对话内容称为"话术"。话术是精心设计出来的，一份好的话术能够极大地提高销售业绩、运营转化和产品的调研价值。对于用户回访这个场景而言，在第一阶段拉近距离后，第二阶段的问题就属于诱导性提问，这个阶段设计问题的原则在于让用户以尽量少的成本说出自己对于产品的体验、感觉、认知，而第三、四阶段的主要目标为建议收集以及订单转化。但值得注意的是，无论处于哪个阶段，虽然电话回访的主要目的是了解用户需求，但一定要注意强化用户对产品、服务或企业整体的认同感，如图 2-4 所示。

图 2-4　电话回访

2. 利用 5W2H 梳理埋点需求

在了解业务的基础上,可以使用 5W2H 原则进行埋点的需求分析。以零售业的销量分析埋点需求为例。

1) Why(为什么进行埋点):商品销量很低的原因是什么。
2) What(要做什么):提高销量。
3) Who(目标人群是谁):某一商品购买行为背后的人群属性。
4) When(什么时间):什么时间调研合适/在什么时间段进行的购买行为。
5) Where(什么地点):在什么商区/住宅区/教学区购买的商品。
6) How(如何发生行为):收集用户数据,找出问题所在。
7) How Much(什么程度):这个事情的预算多少/覆盖百分比多少等。

有时候也可以将 5W2H 原则简化为 4W1H,分为两个维度,用户维度包含 Who(用户属性),行为维度包括时间、地点、如何发生以及具体动作等内容,这样更容易使用,如图 2-5 所示。

图 2-5　用户行为模型

2.1.4　如何设计数据埋点方案

1. 设计内容

(1) 事件设计

事件设计就是要采集用户行为数据,首先要根据业务分析需求明确采集的目标行为,进一步搞清楚应该在哪些地方埋什么样的点,最终输出的成果就是埋点需求文档。

可按照 4W1H 的原则进行事件的设计和定义,即哪些用户在什么时间什么位置在什么样的场景下做什么事情,通过这样的事件分析对事件进行定义、描述(确定其关键属性及属性值)。

(2) 属性设计

指在事件产生时需要采集的属性信息,这些属性信息大致可分为以下四种。

1)用户属性:主要指的是触发事件人的信息,如身份信息、动态属性(如会员等级、角色、活跃度等信息)。

2)事件属性:通过什么方式触发的事件,主要是具体的操作行为,如来源、操作方式、操作结果、时长等;

3)对象属性:操作对象自身的属性信息,包括对象的特征和标签。常见的如电商中的操作对象,用户点击商品,那么商品即对象,收集这个商品具有的特征及数据标签信息等。

4)环境属性:触发事件时的硬件设备、软件、地理环境等内容。

这些属性往往会有自己的特征值,做属性设计时需要对每一个属性值进行定义,采集阶段对所有相关数据进行采集和结构化存储。

2. 埋点方案设计步骤

下面以互联网行业的埋点方案设计为例,传统行业的埋点方案也可以从中获得一些启发。

(1) 确认事件与变量

这里的事件指产品中的功能或者用户的操作,而变量是指描述事件的属性或者关键指标。确认事件与变量可以通过 AARRR 模型或者 UJM 模型进行逐步拆解,理清用户生命周期和行为路径,抽象出每一个步骤的关键指标。

(2) 明确事件的触发时机

不同的触发时机代表不同的计算口径,因此触发时机是影响数据准确性的重要因素。以用户付款为例,是以用户点击付款界面作为触发条件,还是以付款成功作为触发条件进行埋点呢?二者口径不同,数据肯定会有一定差异,因此明确事件触发条件非常重要。

而在用户付款这个例子中,建议使用两个字段记录用户付款行为,一个字段记录点击付款界面这个行为,另一个字段记录是否付款成功。

(3) 明确事件的上报机制

上报机制也是数据准确性的重要影响因素之一,客户端上报数据可能会由于网络原因出现丢包的情况,前面章节已经详细介绍过,这里就不再赘述上报机制之间的异同。而数据分析师在完成埋点工作的时候也需要确定数据是实时上报还是延时上报,以确定埋点是否合理,并及时调整数据埋点方案。

(4) 设计数据表结构

统一的数据表结构能方便团队内部进行数据的管理和复用,建议团队内部形成一套统一的数据结构规范。例如,将表分为不同的层级,第一层记录用户的基础信息,包括 id、地区、昵称等,第二层记录用户的行为信息。

(5) 统一字段命名规范

仅有统一的数据表结构档案是不够的，统一字段命名规范是数据埋点工作的重要一环。确保统一变量在所有的数据表中都用统一的字段，比如消费金额这个字段，所有的表中只要出现消费金额就用 Amount 字段，而不要出现 Money、Pay 等其他字段。

建立公司内部或者团队内部的命名规范是非常必要的，实操时可以采用「动词+名词」或者「名词+动词」的规则来命名，比如「加入购物车」事件可以命名为 AddToCart。

(6) 明确优先级

数据埋点都是为数据分析和数据应用做铺垫，埋点之后分析师可能面临着搭建指标体系和数据报表体系的工作，可以根据报表的优先级、埋点的技术实现成本以及资源有限性为数据埋点确定优先级。

2.1.5 如何保证数据埋点的质量

1. 埋点的常见问题和原因

(1) 事件问题分析错误

如果一开始对于问题所对应的事件就选错，会导致后期的属性和值都出错。发生这一错误的原因可能是对业务的核心指标和实质不熟悉，导致不了解哪些事件能够代表业务，或是相应事件并不能够产生预期的数据。

(2) 事件拆解逻辑错误

拆解的错误事件选取无误，但是拆解事件的过程中逻辑不正确，导致结果错误。这一错误的原因是对业务流程不熟悉。

(3) 数据收集错误

收集数据时数量不足，将导致建立分析模型时模型选取错误。数据样本数对于后期数据分析和数据应用来说非常重要，一定要保证足够的数据量才能实现有效埋点。

2. 常见的数据质量问题

(1) 数据重复

采集到的数据出现大量的重复，将导致数据使用者看到数据时无法理清思路，无从下手，需要花费大量的时间进行数据结构梳理、去重等数据处理工作，不仅耗时耗力，也会影响后续数据分析结果的准确性。

(2) 数据丢失

在查看采集到的数据集时，发现要采集的数据没有采集到，或者数据不连续，某段时间内的数据丢失或中断，对于依赖时间连续性的分析指标来说，就需要重新开始采集。

（3）数据缺失

基于业务需求以及数据需求分析，在需求梳理阶段未挖掘完整、存在遗漏、未实现数据采集等，都会造成数据缺失，需要分析数据时才发现缺失，很可能会无可挽回。

3. 如何提升埋点质量

首先，要明确埋点的目标，即明确通过埋点要解决的核心问题，以目标为导向进行埋点设计。

其次，做好埋点需求分析。需求分析要有全局意识，针对业务需求做出整体的规划，在此前提下，结合本次项目的目标进行不同层面的需求挖掘，建立较为完整的数据分析指标体系。

再次，埋点方案设计。埋点方案设计中需要按照不同的业务场景，做好事件及属性设计，并选择合适的事件触发类型和埋点方式。方案设计是关键，在这个过程中梳理产品逻辑关系，对事件进行唯一的属性设计，同一时间属性设计口径要一致，避免出现数据错误；事件定义要通俗易懂，做好注释，以方便使用者查看数据。

最后，做好埋点测试验证，以及数据指标字典管理。埋点结束后，要对埋点效果进行测试，并进行数据监测和评价。需要对一定时间内的数据监测和分析进行评价，包括数据是否准确、数据质量是否满足业务需求。数据字典是数据的标准化管理资产，完备的数据字典管理制度可有效维护数据资源的规范性、统一性和准确性。

2.2 关键数据如何获取

2.2.1 为什么要对数据区别对待

实际业务中，获取数据前需要从产品的属性、销量情况和用户反馈三个角度对数据进行分类，从而更便捷地获取目标数据以及为后续数据分析与应用获取更清晰的数据库，见表2-1。

产品属性主要指产品本身的信息，可以包括名称、发布时间、发布平台等内容；销量信息主要集中于各渠道或者各区域的销售数据；用户反馈数据主要包含KOL（关键意见领袖）和KOC（关键意见用户）的相关信息，以及好评、差评的数量等信息。

表 2-1 数据分类

产品属性	序号 名称 发布时间 发布平台 发布年代 类型 出品公司
销量信息	A 市销量 B 市销量 C 市销量 其他地区销量
用户反馈	评论家评分 评论家数量 用户评分 用户数量 评级

2.2.2 如何定量地把握一个事物

业务过程中产生的原始数据有很多，为了把握业务核心，必须找到关键性数据，即要建立起业务的数据指标体系。业务数据指标体系搭建可以采用自上而下的模式进行分解、细化、量化、设定，具体可以依据以下两个步骤来进行。

第一步：确定影响业务的关键因素

这一点主要来源于部门 KPI、业务的运营情况、业务流程中的关键控制点。在实际工作中可以通过鱼骨图进行推导从而确定关键行为。以公司销售收入为例，分析可得提高销售收入的关键因素包括加强市场推广、增强产品竞争力、拓展渠道、制订有效的价格策略，而每一个因素又都受到更具体、细小的因素影响，如图 2-6 所示。

图 2-6 影响业务的关键因素

第二步：设定量化指标体系

找到影响业务的关键因素后，开始建立相应的量化指标体系（应遵循SMART原则）。举一个例子，一家零售企业的目标是获得更丰厚的经营利润，这来源于一个又一个的订单，而订单包括人、货、场三个要素，每个要素下面又有若干个指标，以此类推。

随着业务的发展，你可能会发现指标越来越多，如果这些指标没有很好地组织起来，那么就像一团乱麻，让人抓不住重点。所以有必要建立一个体系，分门别类地对指标进行梳理，按照一定的业务逻辑把它们关联起来，从而形成业务分析的场景，如图2-7所示。

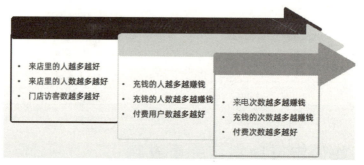

图2-7 量化指标体系

2.2.3 常见的数据指标

业务数据指标按照来源通常可以分为用户数据指标、行为数据指标以及商品数据指标三个维度。图2-8中列举了一些线上业务常用的数据指标，其中一些关键的业务指标线下业务也可以借鉴。

用户数据	新增用户	每天增加的用户有多少	不同渠道的推广效果
	日活	每天使用的用户数量/总用户数量（使用者登录、打开等，根据产品不同有所不同，还有周活、月活等）	反映用户黏性
	留存率	一定时间内还在使用的用户/总用户数量	反映用户的忠诚度
行为指标	PV（访问次数）	一定时间内浏览网页的次数	可以看到用户喜欢哪些功能，不喜欢哪些功能，从而进行优化
	UV（访问人数）	一定时间内浏览网页的人数	
	转发率	转发某功能的用户数/看到此功能的用户数	反映产品品质、与当下热点的契合度等
	转化率	各环节留存的用户数量/总用量	反映产品各环节的优化程度等
	K因子	平均每个用户向多少人发出邀请*收到邀请转化为新用户的转化率	衡量用户群的自传播增长速度
商品数据	总量	成交总额、成交总量等	产品销售情况的关键指标，零售业中的"流水"
	人均	人均付费，付费用户人均付费等	反映产品质量，产品品质
	付费	付费率，复购率等	反映产品品质，热度等
	商品	热销产品、好评产品等	可以拓展不同指标

图2-8 常见的数据指标

2.2.4 如何根据业务选择指标

1. 按数据类别搭建业务数据指标体系

这里先将数据指标进行归类以便后续方案落地执行。按照数据类型可将数据指标体系分为三个维度：业务分析、功能分析、用户信息。

1）业务分析（行为指标）：主要分析业务转化情况和页面访问路径，是建立业务漏斗转化模型的基础。

2）功能分析（产品指标）：主要检验产品功能的受欢迎程度。

3）用户信息（用户指标）：是建立用户画像的数据基础，也是产品分析所需的基础数据。

以美团外卖的数据指标体系为例，如图2-9所示。

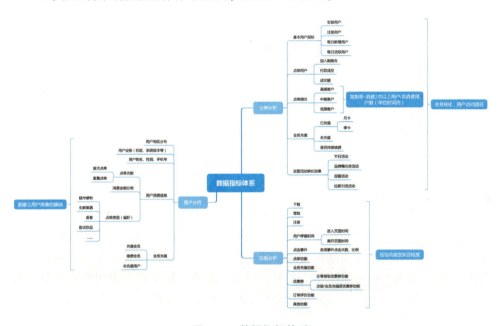

图2-9 数据指标体系

2. 按产品生命周期搭建业务数据指标体系

以需求分析-产品研发-产品优化-用户推广这一产品生命周期为例，分析各个业务环节的数据指标，可以看到，每一维度都能拆分出更详细的数据指标，以便从产品生命周期的角度去全方位地理解业务，如图2-10所示。

过程		指标	目的
确定方向	从需求到产品	用户使用时长	分析是否是刚需，有没有触及用户痛点
		产品使用人群、覆盖区域、职业类别等	分析用户的需求程度，是大众需求还是小众需求，是否与产品定位相一致
		用户使用频率	是否对应用户经常产生的需求
产品优化	小规模内测	使用人数	控制使用人数，避免大规模推广带来的负面反馈
		反馈数量、反馈率	提高反馈数，定性定量方法相结合，通过用户体验打磨产品，使产品使用更顺畅、更人性化
		日活、留存、转化率等	观察内测用户行为，摸索用户使用规律，为以后的决策提供数据依据
		闪退率	降低闪退率，让产品闪退造成的问题比率减少，提升用户好感
	冷平台启动	新增用户数量	这是关键指标，用户数量是app的基石，在这个阶段要积累高质用户带动app活跃起来
		发布内容数量	将多平台潜在用户吸引到app上，积累高质量内容，这样才能吸引更多用户
		评论点赞数量	及时反馈内容用户，提高平台活跃度，吸引更多用户
用户推广	各个渠道	新增用户数量	这个阶段新增用户数量会大规律提高，重点要监测哪些渠道吸引了用户，评估渠道销量，也便于以后评估渠道用户质量
		日活	每天打开的人数占总下载人数的比例，衡量是否跟用户保持黏性，解决用户刚需，凭条是否活跃
		留存	一段时间后还在使用的用户/这段时间的下载用户，用来衡量用户对产品的忠诚度
		各环节的转化率	下载、激活、注册、登录、购买等环节，评价产品各环节是否正常，是否符合用户使用习惯
		转发率	转发用户/总用户数，评价平台内容质量、是否符合当下热点
		获客单价	寻找各渠道最高性价比，控制成本
		投放成本	计算推广价比，控制产品各环节的成本

图 2-10　产品生命周期搭建业务数据指标体系

3. 场景化搭建指标体系

使用场景化这一搭建指标体系的方式时，首先需要了解业务的全貌，如业务流程可以分为几个不同的环节？在这个过程中核心业务节点是什么？其中的核心转化页面是什么？在这个场景化复盘的流程中，应该采用哪些业务指标来反映这些核心业务节点？再考虑回访、复购、转发、裂变、K 因子等典型数据指标，就可以把一条整体的业务线根据场景进行完整的搭建，如图 2-11 所示。

图 2-11　场景化搭建指标体系

第 2 章 数据获取——如何获取有用的数据

案例：在线零售"场景化"搭建指标体系应用，如图 2-12~图 2-14 所示。

图 2-12　在线零售案例（一）

图 2-13　在线零售案例（二）

图 2-14　在线零售案例（三）

2.3 关键数据的梳理方式

由于线上化的普及，目前大部分企业处在第三阶段——以用户为运营核心的用户运营阶段，通过数据运营，持续提升用户的购买频次和客单价，提升用户的贡献值及生命周期价值，是企业急需关注的问题，如图 2-15 所示。

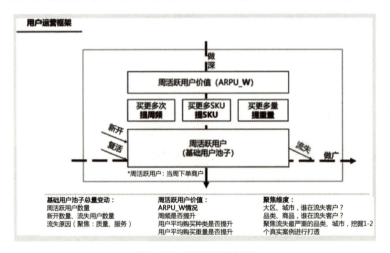

图 2-15 用户运营框架

原线上常用用户运营模型或指标有 DAU、LTV、ARPU、RFM、留存率、频次、转介绍。

原线下常用指标有会员管理、忠诚度项目。

根据上述运营框架进行转换，实际用户运营指标体系包含如下指标：新开数量、复活数量、流失数量、购买频次、购买品类、购买重量。

2.3.1 万能的三级火箭业务梳理法

从传统时代到互联网时代，品效协同的整合营销传播正在形成三级火箭营销模式，同样的，企业的业务体系也会随着三级火箭营销模式进行转型，所以可以尝试用三级火箭法来梳理业务。

1) 第一级：基于渠道力量的流量收单——企业通过各种销售渠道和互联网广告提高访问、促成交易行为。

2) 第二级：打造沉淀用户的商业场景——从点到面打造稳定的商业场景提高 ARPU，提升用户生命周期价值。

3）第三级：基于企业力量的品牌共鸣——企业通过品牌广告向消费者表达品牌价值主张和承诺，提高消费者对品牌的回访，如图 2-16 所示。

图 2-16　三级火箭模型（一）

第一级：基于渠道力量的流量收单。

企业成立初期，最短缺的就是资金，任何营销工作都要首先考虑赢利性，所以企业把产品推向市场的第一步基本都是铺设销售渠道，让传播指向销售目标。所以企业传播的第一级火箭往往依靠销售渠道，销售渠道就是重要的传播媒介，需要缩短消费者从认知到购买的距离，力求每一个客流量都会产生利润，即流量收单。

第一级火箭阶段成功的企业通常要借助新渠道的崛起，这个规律无论在传统渠道时代，还是在互联网电商时代从未改变过。众所周知的互联网营销公式"收入=流量×转化率×客单价"，不算是互联网思维，而是销售渠道思维，流量一词其实早在没有互联网的线下渠道时代就产生了。

这个公式是企业评估渠道获利能力的思考框架：流量反映顾客数量，转化率反映推销能力，客单价反映顾客购买力。企业利用这个公式可以定量而简明地判断一个销售渠道是否值得经营。

在传统时代，采用流量收单模式的企业往往面临品牌与渠道之间的博弈。消费者想要购买格力空调，但是店里只有美的空调，如果消费者愿意接受美的空调，这就是渠道强于品牌的逻辑，如果消费者宁愿跑去其他店铺买格力空调，这就是品牌强于渠道的逻辑。

而在互联网时代，企业的流量焦虑本质上是品牌和互联网渠道之间的博弈，即订单来源于互联网渠道的推动，还是品牌力量的吸引。基于渠道力量的流量收单，企业可以高效触达顾客，促进销售转化，但是也面临品牌认知模糊、缺乏主动消费动机的问题。这就需要第二级、第三级火箭的推动力，如图 2-17 和图 2-18 所示。

站在产品角度，在第一级火箭阶段可以使用 kano 模型来分析产品的不同属性，进行产品的功能定位，从而提升产品的自带流量，如图 2-19 所示。

这里要遵循的原则是保障必备属性、增加魅力属性、抵制反向属性、附加期待属性。实操方法有增强推广宣传、优化店铺标题、优化店铺图片、评论优化权重以及短视频宣传等。

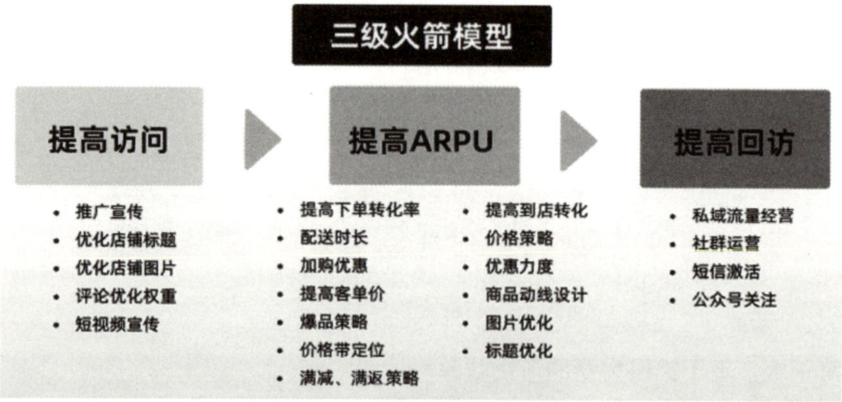

三级火箭模型

提高访问
- 推广宣传
- 优化店铺标题
- 优化店铺图片
- 评论优化权重
- 短视频宣传

提高ARPU
- 提高下单转化率
- 配送时长
- 加购优惠
- 提高客单价
- 爆品策略
- 价格带定位
- 满减、满返策略

提高回访
- 提高到店转化
- 价格策略
- 优惠力度
- 商品动线设计
- 图片优化
- 标题优化
- 私域流量经营
- 社群运营
- 短信激活
- 公众号关注

图 2-17 三级火箭模型（二）

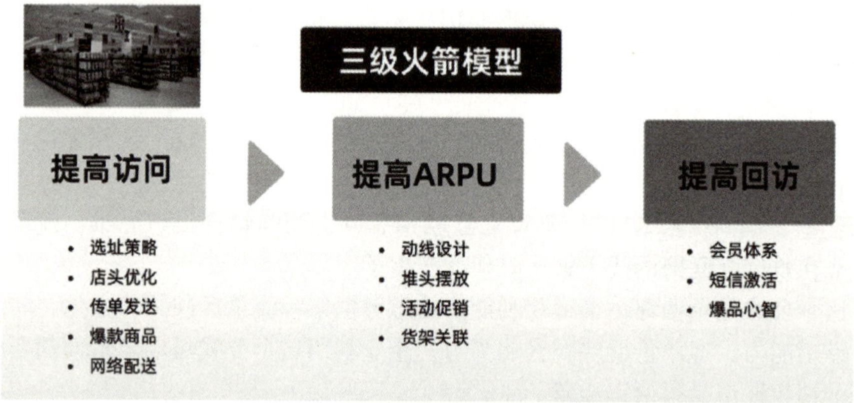

三级火箭模型

提高访问
- 选址策略
- 店头优化
- 传单发送
- 爆款商品
- 网络配送

提高ARPU
- 动线设计
- 堆头摆放
- 活动促销
- 货架关联

提高回访
- 会员体系
- 短信激活
- 爆品心智

图 2-18 三级火箭模型（三）

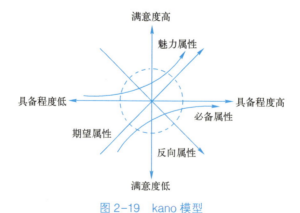

图 2-19 kano 模型

第二级：打造沉淀用户的商业场景。

ARPU 指每用户平均收入，即在三级火箭的第二级，应该基于社会力量的社交造势将品牌信息快速渗透到社会关系中,致力于用户在提升自身客单价的同时提升客单价贡献值,全方位提升用户生命周期总价值,形成沉淀用户的商业场景。

企业运营的目标就是尽一切可能延长用户的生命周期,并且使其生命周期尽一切可能产生商业价值。用户的生命周期,简单来说就是:用户从开始接触产品到离开产品的整个过程,如图2-20所示。

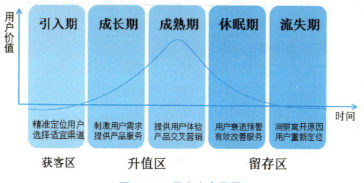

图2-20 用户生命周期

根据图2-20,用户生命周期可以分为导入期、成长期、成熟期、休眠期、流失期。

下面对将用户不同生命周期的行为表现,不同阶段运营所关注的重点工作进行阐释。

1)获客区:对应导入期,对应的用户行为是由流量成为用户,运营的核心工作是拓新获客以及促进新用户的活跃度。

2)升值区:对应成长期和成熟期,对应的用户行为是在产品中活跃、为产品贡献、持续留在产品内,运营的核心工作是促进用户活跃、转化或付费、制造留存。

3)留存区:对应着休眠期和流失期,对应的用户行为是离开产品、停止使用,运营的核心工作是对沉没流失用户做好安抚工作或者新产品的转移工作(如果有)。

按照用户生命周期的五阶段,可以将用户分为以下四类:①来了就走,相亲型;②感觉不错,恋爱型;③可以托付,结婚型;④绑定终身,生娃型。虽然说用户的发展有其自然规律,商家也可以应用这一规律来提升用户价值,培养更多的"结婚型"和"生娃型"用户。可以通过以下四种数据运营手段提升用户价值。

1)基于不同生命周期阶段进行运营。

2)推动用户分类分级,实现价值跃迁。

3）获得驱动关键节点的核心动作。

4）产品化驱动价值提升。

其中值得一提的是产品化驱动价值提升，落地到具体场景中，可以这样来看：某新上线电商，通过打造某一爆款（夏日水晶凉鞋 9.9 包邮）吸引第一批流量订单；打开局面后，及时围绕"夏季"这条线，推出更多相关促销产品，将流量覆盖得更广；之后再由夏日生活用品扩展到夏日护肤品等其他品类上，逐渐延伸，进而实现由单一品类流量向系统性产品转化，提升用户黏性，驱动用户价值提升。

第三级：基于企业力量的品牌共鸣。

"现代营销学之父"菲利普·科特勒将营销定义为企业理解、创造、沟通和交付顾客价值的过程。沟通顾客价值就是品牌传播的任务。品牌价值主张反映了品牌的内核，是消费者选择你而不选择别人的理由。

基于企业力量传播，就要站在企业的立场，旗帜鲜明地表达品牌价值主张。承诺的品牌价值得到兑现，就会赢得消费者的认可，形成长期的消费关系，即品牌共鸣。

在电视媒体时代，宝洁公司为中国品牌树立了典范，要柔顺选飘柔，要去屑选海飞丝，要滋养选沙宣……发展至今，品牌共鸣的传播方式扩展到更广泛的生活空间媒体。

2019 年 2 月，妙可蓝多奶酪棒抢占一二线城市分众电梯广告，以深入人心的儿歌《两只老虎》为基础，改编成广告，赢得众多小朋友及家长的关注和喜爱。

妙可蓝多借助三个月品牌广告的饱和攻击，在 2019 年 618 促销季首次超越安佳、百吉福等知名品牌，夺得京东、天猫奶酪类目双冠军。2019 年妙可蓝多实现营业收入 17.44 亿元，同比增长 42.32%，净利润同比增长 80.72%。

品牌共鸣是品牌从创业期走向成熟期的标志。互联网上风生水起的花西子、薇诺娜、完美日记等新国货品牌，也纷纷布局品牌广告，渗透到消费者日常生活的各种场景。这是品牌进行市场破圈、由小到大的必经之路。

基于企业力量的品牌共鸣，企业可以澄清和统一消费者对品牌的认知，促进长期的消费关系。但是这种模式往往需要借助高门槛的传播媒介来体现价值承诺的庄重、可信。除了企业在品牌上的宏观布局外，增加回访也可以通过具体的营销手段来实现，比如活跃度（购买次数、购买金额、访问深度、访问时长）出现下降时要及时进行流失用户预警和挽回，以及将 RFM 模型进行企业内化，减少客户流失，提升用户回访，如图 2-21 所示。

使用三级火箭模型对业务进行梳理，可以对业务的理解更加深入，进而获得能够反映业务现状的真实数据，帮助企业解决问题，提升业绩。

第 2 章 数据获取——如何获取有用的数据

	R 最近一次消费 Recency	F 消费频率 Frequency	M 消费金额 Monetary
影响因素	• 店铺记忆强度 • 接触机会多少 • 回购周期	• 品牌忠诚度 • 店铺熟悉度 • 客户会员等级 • 购买习惯养成	• 消费能力 • 产品认可度
应用场景	• 决定接触策略 • 决定接触频次 • 决定刺激力度	• 决定资源投入 • 决定营销优先级 • 决定活动方案	• 决定推荐商品 • 决定折扣门槛 • 决定活动方案

图 2-21 RFM 模型

2.3.2 业务骨干就是庖丁解牛

除了使用模型对业务进行拆解外，实际经验也是非常重要的，就像图 2-22 中的庖丁解牛，只有经过反复实践，掌握了事物的客观规律，做事才能够得心应手。但并不是所有的经历和实践都能称为经验，所以如果想要成为业务骨干，就要善于在工作点滴中观察、学习和总结，发现工作中的规律并能举一反三，同时也要尽可能地多利用工作之余学习先进的理念和技术，补齐工作中的短板。当今社会信息丰富、快捷、方便，无论是视频、资讯，还是书籍、课程，都是提高专业技术、开拓领域思维的得力助手。还有最重要的就是遇到困难要能沉得住气、静得下心，如此才能逐渐理清事物发展的思绪，从中找出关键问题，进而寻求解决之法。

图 2-22 庖丁解牛

2.4 工具的使用

所谓工欲善其事，必先利其器，在数字化时代，除了不断在工作中进行学习与总结外，掌握一些具体工具的用法是能够提升工作的实际效率的。下面就通过对四项关键性运营指标的代表性工具的了解来学习工具在实际业务中的应用。

2.4.1 O2O平台的商家运营指标（美团）

1. 关键数据指标

在美团平台上，关键的数据指标可以分为四个维度，分别为商品、顾客、营业和流量，每个维度也有其细分指标，如图2-23所示。另外，还需给出各维度的总览。

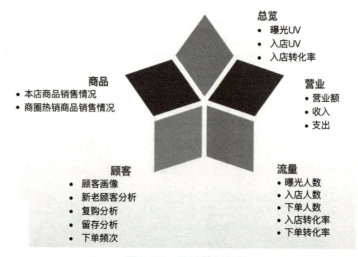

图2-23 关键数据指标

（1）营业

营业指标是平台商家最为关心的指标，它能够直接反映商家的收入情况，具体包括收入、营业额、支出等指标。平台中不但提供商家自身的数据以及可视化图表，同时也为商家提供其竞品以及所在行业的基本信息，方便商家对自身的营业情况进行全面而细致的分析，如图2-24所示。

（2）流量

流量指标也是商家较为关心的一个指标，因为流量的情况能够直接影响营收情况，如图2-25所示。

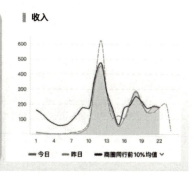

指标：

- 收入、营业额、支出 收入=营业额-支出
- 活动补贴：平台补贴金额、店铺补贴金额
- 顾客实付、实付均单价

收入趋势展示：

- 可视化展示店铺当日及昨日每小时的收入数据
- 展示商圈同行前10%均值收入

图 2-24　营业指标

指标：

- 曝光PV/UV、入店PV/UV、下单PV/UV
- 入店转化率、下单转化率

筛选维度：

- 流量入口：商家列表、搜索、首页、频道页
- 流量来源：自然流量、付费流量
- 推广类型：点金推广、品牌展示、揽客宝

曝光人数趋势展示：

- 店铺当日及昨日每小时的曝光人数数据
- 展示商圈同行前10%曝光人数均值

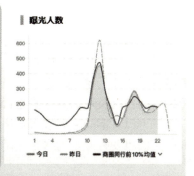

图 2-25　流量指标

（3）顾客

顾客这一数据维度主要聚焦于顾客的用户画像、新老顾客分析、复购分析、留存分析以及下单频次等维度，如图 2-26 所示。

顾客画像：

- 实付价分布
- 优惠敏感度分布
- 顾客构成分布：消费类型、职业、性别
- 顾客偏好排行：食材、口味、全平台常买商家

新老顾客分析：

- 下单人数、新客人数（首次下单）、老客人数（非首次下单）

复购分析：

- 复购率、新客复购率、老客复购率
- 复购人数、复购新客、复购老客

留存分析：

- 活跃顾客、沉默顾客、流失顾客

下单频次：

- 下单频次

图 2-26　顾客指标

（4）商品

商品维度主要提供本店商品和商圈热销产品的销售额排序以及销售量排序，

帮助商家实时了解各商品的售卖情况，如图 2-27 所示。

- 本店商品：按销售额排序、按销量排序
- 商圈热销：按销售额排序、按销量排序

排名	商品	销量（单）	销售额（元）
1	米饭	15144	30288
2	黄焖鸡	14944	313824
3	红烧肉	14844	282036
4	西红柿炒鸡蛋	13844	263036
5	爆炒土豆丝	13744	261136
6	清炒西兰花	10544	200336

图 2-27　商品指标

2. 数据获取与分析方法

美团的关键性数据指标都可以从美团后台直接获取或通过分析得出，但数据只有经过对比分析才有意义，这里从时间和空间两个维度进行数据分析。在时间上可以用同比以及环比的方式进行分析，同比展示大趋势，环比则表征波动。在空间上，可以对不同分店进行对比，或与所在商圈的平均值进行对比，找出自身与其他店铺以及行业平均水平之间的差距，如图 2-28 所示。

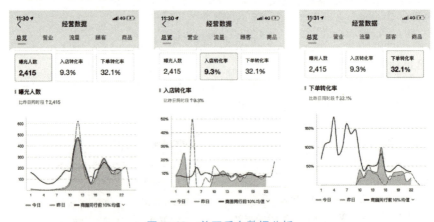

图 2-28　美团后台数据分析

2.4.2　新媒体关键运营指标（公众号）

1. 关键数据指标

微信公众号的关键数据指标包含用户、内容、互动和性能四个维度，涵盖了新媒体运营者关注的大部分内容，如图 2-29 所示。

第 2 章 数据获取——如何获取有用的数据

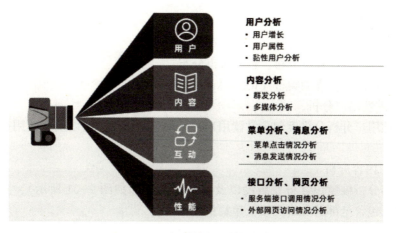

图 2-29 新媒体关键数据指标

（1）用户分析（如图 2-30 所示）

图 2-30 用户分析

用户分析包含用户增长、用户属性以及黏性用户分析三个维度的具体数据。
1）用户增长。
用户增长分维度包含新关注人数、取消关注人数、净增关注人数（净增＝新关注-取消关注）以及累积关注人数等数据。

2)用户属性。
- 人口特征:性别分布、年龄分布、语种分布。
- 地域分布:省份分布、省内城市分布。
- 访问设备:终端类型(iOS、Android 等)。

3)黏性用户分析。

黏性用户分析分维度包含常读用户月新增、常读用户数以及常读用户比例等数据。

(2)内容分析

内容分析维度包含群发维度以及多媒体维度(如图 2-31 所示),其中,群发维度又包含全部群发维度以及单篇群发维度。

图 2-31 内容分析

1)全部群发。
- 阅读次数、分享次数、完成阅读次数。
- 微信收藏次数、群发篇数。

2)单篇群发。
- 阅读次数、分享次数、阅读后关注人数。
- 送达阅读率、阅读完成率。

多媒体分析包含视频指标以及音频指标。
- 视频指标:播放次数/人数、分享次数、完全播放次数。
- 音频指标:播放次数/人数、完全播放率(按次数算)。

(3) 菜单分析、消息分析（如图 2-32 所示）

图 2-32 消息分析

1) 菜单分析：
- 菜单点击次数、菜单点击人数、人均点击次数。
- 每个子菜单的上述指标，反映用户对菜单的感兴趣程度。

2) 消息分析：
- 消息发送人数、消息发送次数、人均发送次数。
- 反映粉丝与公众号的互动积极性。

3) 消息关键词：用于统计粉丝的兴趣点。

(4) 接口分析、网页分析（如图 2-33 所示）

1) 接口分析：
- 接口调用次数、失败率。
- 平均耗时、最大耗时。
- 公众号调用服务端接口时，反映服务端接口性能。

2) 网页分析：
- 网页访问次数。
- 每个网页接口的访问次数、人数。
- 公众号调用外部网址时，反映外部网址访问情况。

2. 提升方法

公众号平台运营的终极目标都是涨粉进而实现变现，而公众号的运营核心本质上在于如何能够和用户建立良好的关系，涨粉和变现只不过是水到渠成。在实际工作中可以通过文案创意、内容创作、活动策划、用户运营、社群运营以及数据分析这六个维度的提升建立与用户的良好关系，最终实现涨粉，并直达变现，如图 2-34 所示。

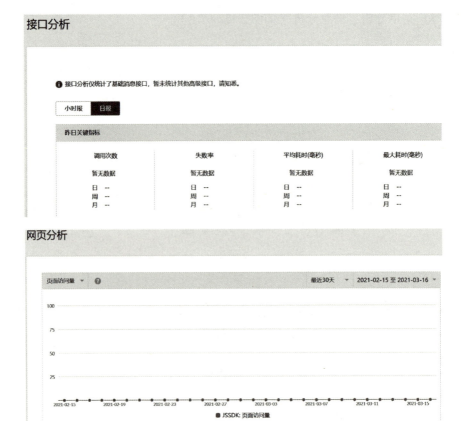

图 2-33 接口分析、网页分析

图 2-34 涨粉 & 变现的方法

2.4.3 短视频平台关键运营指标（抖音）

1. 抖音的核心产品逻辑

（1）内容消费者
抖音的内容消费者是需要日常打发零碎时间，寻求新鲜潮流事物的人群。
（2）内容生产者
抖音满足了当代人们较强的表现欲和模仿欲，以及记录美好生活的需求，并给明星/KOL提供了一个塑造个人品牌、积累粉丝的平台。
（3）抖音平台
抖音是一个能将流量快速变现的平台，如信息流广告、贴片广告、用户付费抽成（购买、打赏）等方式。

2. 抖音的关键指标体系

抖音平台提供的数据指标有新增用户数、活跃用户数、日均时长、留存率以及收入数据，如图2-35所示。

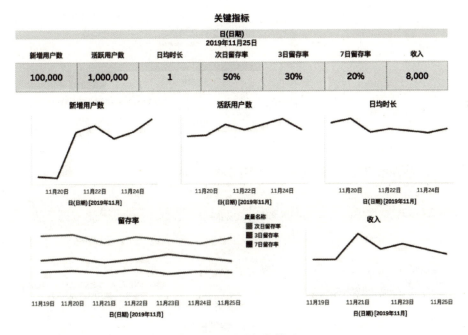

图2-35 关键指标体系

日均时长是需要格外关注的一个指标，它体现了客户黏性，是一个过程监控指标，当这一指标出现下降趋势时，就要思考一系列问题，比如内容数量不足、内容质量吸引不了用户、产品交互体验较差、KOL 平台转移等，从而找到问题的根源。

除了抖音平台给出的数据外，也可以基于一些业务模型以及自身重点关注的问题搭建指标体系，下面列举三个实用的指标体系。

（1）基于 AARRR 模型的基本指标体系（如图 2-36 所示）

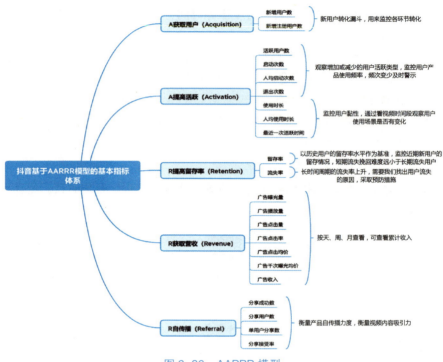

图 2-36　AARRR 模型

（2）抖音用户互动指标选择（如图 2-37 所示）

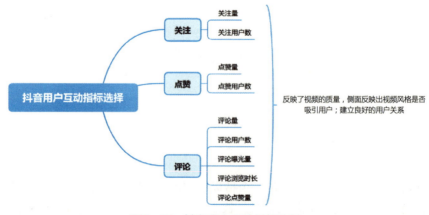

图 2-37　抖音用户互动指标选择

(3) 抖音搜索功能指标体系（如图 2-38 所示）

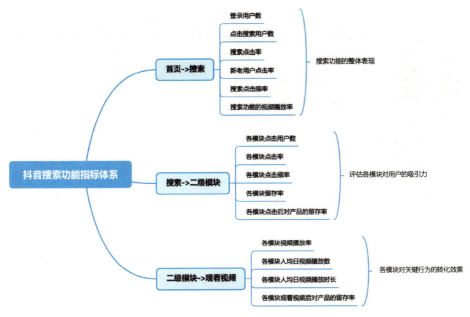

图 2-38 抖音搜索功能指标体系

2.4.4 社交平台关键指标（企业微信）

1. 企业微信的关键指标

企业微信现在已经成为很多企业对外服务的窗口性产品，其主要用于建立和把控标准的工作流程，所以在分析企业微信的数据指标时，除了一般意义上的用户逻辑之外，还要考虑企业客户的业务需求，因此可以把企业微信的关键指标分为客户指标与客户群指标两个维度。

1）客户指标：企业客户总数、每个成员的客户数、当日新增客户数、客户添加时间、客户标签等。

2）客户群指标：企业客户群数量、客户群群主、每个客户群的人数、客户群的创建时间等。

2. 其他辅助工具

企业微信有的只是一些简单的基础数据，如果想要查看更加详细的企业微信客户数据，可以在一些数据网站中查看，例如，微伴首页就有企业每日的新增客户数、流失客户数以及今日入群、今日退群人数。在这类网站的客户列表与客户群列表中,还有更加详细的客户动态,方便更深入地了解客户,找出意向客户,如图2-39所示。

图 2-39　企业微信相关数据网站

第 3 章
数据分析——实际工作中常用的数据分析方法

上一章学习了数据获取的方法、工具以及注意事项，本章重点介绍数据能力中的数据分析环节。需要注意的是，本章不会重点介绍数据分析的工具，而是聚焦于数据分析与业务的结合，即明确数据分析的目的是理解业务、提升业务，而不是为了分析而分析。

3.1 用数据分析来解决业务问题

3.1.1 定义问题

工作的核心就是解决问题、创造价值，而定义问题是为了帮助我们指出解决问题的方向。在遇到问题时，我们要做的第一步不是马上探索解决方案，而是要搞清楚真正的问题"是什么"和"为什么"。定义问题可以分为两个步骤。

第一步，圈定解决问题的范围。

如果这是一个"降低 x 业务成本，以此增加毛利润"的问题，那么解决问题的建议或方案就要圈定在"降低成本、x 业务、毛利润"范围内。如果是一个比较宽泛的问题，那就需要在提出问题之后证实问题。每一层问题如图 3-1 所示。

1. 表象问题：质疑与确认

在处理表象问题/需求时，可以通过提问来思考，而问题可以出自以下两个维度。

（1）质疑问题本身

1）此问题是否客观存在？

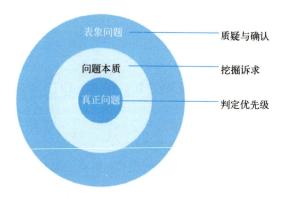

图 3-1　圈定解决问题的范围

2）是否真的值得被解决？

（2）了解问题/需求的背景

1）问题/需求的提出方是谁？关键利益方又是谁？

2）背景及目的是什么？

3）问题/需求中涉及的事实、数据是否全面、准确？

4）可用资源有哪些？

5）DDL（deadline）是什么时候？

通过对问题本身以及问题背景的追问，可以初步确定问题本质的方向。另外，在开始行动之前，全面了解问题/需求的背景能够帮助我们掌控事情的发展节奏，是高效解决问题的前提。

2. 问题本质：挖掘诉求

在探寻问题本质的过程中，同样也要多问为什么，这样才能逐步引导出问题本质。同时也可以借鉴 Simon Fisher 的冲突层模型："我们所声称的需求其实只是最表层的，表层背后隐藏着所声称的原因以及真正的需求"，即工作中的利益出发点不应该是"易开发"，而是应该对用户体验、KPI 直接负责，必须权衡各方利益以寻求平衡和效率，如图 3-2 所示。

图 3-2　挖掘诉求

3. 真正问题：判定优先级

宏观上，在遇到多个问题时需要依次思考以下事项，从而判断出哪些问题更值得被解决。

1）哪些是真正的问题/需求？
2）在真正的问题/需求中，需要解决的是哪些？
3）将所有需要解决的问题/需求根据重要紧急度模型依次实现。
4）微观上，要去思考能解决这个问题的所有方案中最好的是哪个。

假如一家卖杯子的企业想要提升销量，他们应该怎么做？是研发新产品（比如保温杯、玻璃杯、陶瓷杯）还是加大推广力度、开设更多门店？或举办促销活动？同样，在实际工作中，我们会发现有许多方案可能解决所面临的问题，此时可以利用"结构树"列出所有假设，并一一验证，从而找到最好的方案，如图3-3所示。

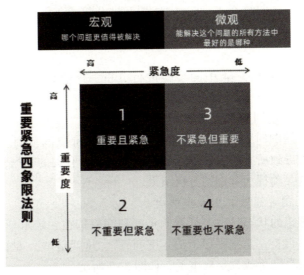

图3-3 重要紧急四象限法则

在企业管理中，ROI（投资回报率=回报利润/投资总额）用来衡量企业从一项投资活动中所得到经济回报的效率。这对于我们的具体工作也有着重要的借鉴意义。沿用卖杯子的例子，这家企业可以通过分析以往开设门店、促销活动的ROI变化情况来选择最终的方案。

互联网行业常采用A/B测试法，即基于各种假设，通过小范围测试来确认最有效的方案，最终全面铺开。

假设产生问题的原因以及解决问题的方法，减少花在无用分析上的时间。假设阶段可以大胆设想，不要做深度分析，以回避思考的近路。在众多假设中选择一个正确假设时，可以思考几个问题：哪个想法看起来最有胜算？哪个想法符合目标？哪个想法最有可能成功实现？

下面举个例子来看看如何探索真正的问题，以及提出正确的假设。

案例：某牙膏年度利润下降的原因（如图3-4所示）。

问题：过度降价导致某牙膏的年度利润下降
↓
假设1：某些店铺过度降价
假设2：集中在特定时期过度降价
假设3：与竞争对手展开价格战导致过度降价
↓
假设1所需数据：每个店铺的实际降价数据
假设2所需数据：每月实际降价数据
假设3所需数据：竞争对手产品的价格变化数据

图3-4　牙膏年度利润下降的原因

假设有人想按照图3-4中的步骤进行分析，你会在哪些地方指出他们的漏洞？

（1）要有意识地回避"思考的近路"

因为在设定问题时，人们的思路无法超出"降价"的范围。图3-4中，就因为这样的假设导致所有的工作都变成了收集与降价有关的数据，最后的分析结果也变成了以这一前提为基础的分析结果。

（2）设定问题应着眼于Why型假设

本例中最理想的状态是"某牙膏的年度利润保持在一定水平之上"，问题应是"某牙膏无法保持一定水平以上的年度利润"，这就是Why型假设，这样就不太会认为原因只是降价或只是成本了，如图3-5所示。

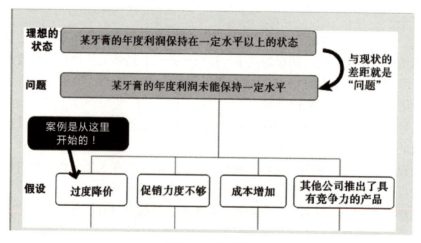

图3-5　设定问题

3.1.2 梳理问题的分析框架

（1）明确数据范围：结合自身业务，给出合理的数据范围

要梳理问题的分析框架首先要明确数据范围，它包含两个维度，一个是时间维度，一个是空间维度。前面的例子里提到利润没有达到预期，在时间维度上的数据范围是从什么时候开始实际利润和目标利润有差距，或者说差距大到引起了注意。空间维度的数据范围可以是某个店铺、城市或是某个大区的利润没有达标。时间维度和空间维度圈定了数据范围，使数据分析的结果具有针对性。

（2）规划分析框架：根据不同的业务结构规划不同的分析框架

分析框架是根据业务结构来确定的。规划分析框架需要明确业务数据分析的目的、产品类型、产品阶段。不同的分析目的、产品类型、产品阶段，以及不同的业务结构所需要的 KPI 数据都不尽相同（除了一些较基础的数据外），皆需要基于对行业、业务、产品的深度理解。其中包括：

1）整个产业链的结构：对行业上游和下游的经营情况有大致的了解。
2）企业业务的发展规划：根据业务当前的需要制订发展计划，归类出需要整理的数据。
3）熟悉产品框架，全面定义每个数据指标的运营现状。
4）对比同行业数据指标，挖掘隐藏的提升空间。

熟悉行业、业务和产品可以帮助我们建立一个数据模型，在特定需求下进行 KPI 数据提取。也可以对核心用户单独进行产品用户研究与需求挖掘，从而实现精细化运营。

3.1.3 常用数据分析框架

1. PEST 模型

这个模型主要应用于行业研究中。从政治（Political）、经济（Economic）、社会（Social）、技术（Technical）四个角度（简称 PEST）对一个行业进行比较分析，如图 3-6 所示。

1）经济方面：主要内容有经济发展水平、规模、增长率、政府收支、通货膨胀率等。
2）政策方面：有制度、政府政策、产业政策、相关法律及法规等。
3）社会方面：有人口、价值观念、道德水平等。
4）技术方面：有高新技术、工艺技术和基础研究的突破性进展等。

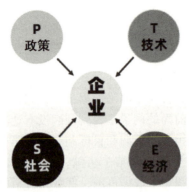

图 3-6　PEST 模型

2. 4P 营销理论

这个方法主要应用于公司整体经营状况分析，是比较经典的营销分析方法。该方法从产品、价格、渠道、促销等四方面对企业经营状况进行全面分析，如图 3-7 所示。

图 3-7　4P 营销理论

1）产品（Product）：注重开发的功能，要求产品有独特的卖点，把产品的功能诉求放在第一位。

2）价格（Price）：根据不同的市场定位制订不同的价格策略，产品的定价依据是企业的品牌战略，注重品牌的含金量。

3）渠道（Place）：企业并不直接面对消费者，而是注重经销商的培育和销售网络的建立，企业与消费者的联系是通过分销商进行的。

4）宣传（Promotion）：很多人将 Promotion 狭义地理解为"促销"，其实是很片面的。Promotion 应当包括品牌宣传（广告）、公关、促销等一系列的营销行为。

4P 理论后又演变出了 6P 理论以及 10P 理论,如图 3-8 所示。

图 3-8　4P 理论的演变

3. 逻辑树分析法

这个方法也称作问题树分析法,主要应用于针对业务存在的问题进行专题分析,是业务数据分析方法中非常常见的一种。应用该方法的主要目标是把复杂问题简单化,如图 3-9 所示。

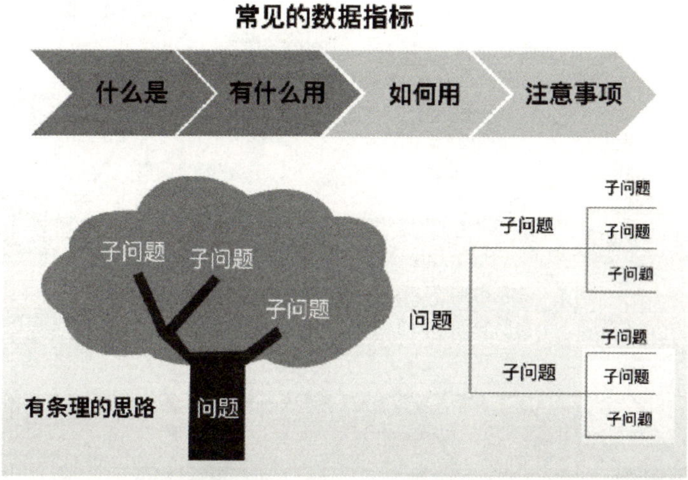

图 3-9　逻辑树分析法

案例:估算某胡同口的煎饼摊一年的总收入。

1) 界定问题:1 个阿姨每天工作 6 小时,一年 365 天出摊,摊 1 个煎饼用时 2 分钟,每天去洗手间 15 分钟,此处目标是计算收入。

2) 规划分析框架:收入=6 元×煎饼个数,煎饼个数=每天摊煎饼个数×365 天,每天摊煎饼个数=(6 小时×60 分钟/小时-15)÷1/2。

3) 计算结果:377775 元,如图 3-10 所示。

煎饼摊一天的工作时长/一张煎饼的制作时间 = 一天能卖出煎饼的数量,再用这个数量乘以煎饼摊一年的出工时间,即可得到一年能卖出多少煎饼。

图 3-10　煎饼摊收入估算

4. 指标拆分法

这个方法也是经常使用的方法，特别是为了达成业务目标，往往需要先定一个总的目标，然后再初步拆解，将一个相对复杂的指标分解成若干个子指标，对每一个子指标进行研究，从而达到易于分析、便于实施的目的，如图 3-11 所示。

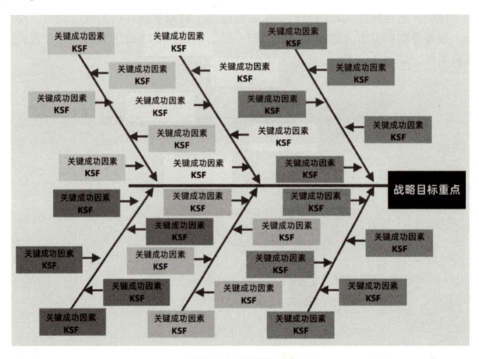

图 3-11　指标拆分法

指标拆分法可分为总分法和渐进法。

（1）总分法

总分法是直接把核心数据拆分成若干个子指标，这些子指标组合起来就能得到核心数据。

（2）渐进法

渐进法是按照数据之间的逻辑递进关系逐次获得各项所需的子指标，最后得出核心数据。

应用方向一：分析产品销量。

产品销量是市场竞争情报中最常用的核心数据之一，通常在竞争情报研究中，企业某一产品销量的信息来源有以下几种。

（1）通过二手资料获得销量数据

例如互联网的披露、行业分析文章等。行业分析文章需要甄别数据是否夸大、表达方式是否有歧义，来自互联网的资料则需要注意数据的时效性及真实性。

（2）通过竞争性访谈获得该产品的年销量

由于企业对外披露的销量数据往往会夸大，所以通过该渠道获取的数据也需要甄别其真实性。

当以上两种渠道均不能获取信息或者获得的信息可信度较低时，就可以采用指标拆分法，将企业的产品构成进行分解。

应用方向二：分析成本结构。

产品成本构成的几个要素指标（成本费用率或者毛利率等核心数据）对分解法有所应用。

（1）生产型企业的原材料成本分析

要了解总成本中某种原材料的成本，可以根据总分法的原则逐步进行拆分。例如，研究某矿棉板中粒状棉原料的成本额时，需要获取矿棉板总产量、粒状棉的单位消耗、粒状棉采购单价，最后得出核心数据，信息来源包括大量的竞争性访谈、行业技术资料、财务统计资料等。

（2）贸易型企业的进货成本分析

要详细了解贸易型企业的进货成本情况，也可以用指标拆分法进行拆分。以某铝蜂窝板贸易企业为例，其主要业务为代理销售进口铝蜂窝板，为了考察其进货成本，可以按照总分法进行拆分，了解产品进口价格、产品关税、运费等信息，最终得出进货的总成本。

应用方向三：分析价值链及渠道利润。

广义的价值链包含厂家从开始生产到进入流通渠道售出产品的整个过程。工业产品价值链构成要素见表3-1。

表3-1 价值链构成要素

产品进入流通渠道前	产品进入流通渠道后
原材料成本	厂家给代理商的价格
制造成本	代理商的利润
期间费用	代理商给终端的价格

(续)

产品进入流通渠道前	产品进入流通渠道后
厂家利润	
厂家给代理商的价格	

分析产品在生产环节、渠道流转环节的增值情况，可以全面了解生产和流通过程中的利益分配情况，如图 3-12 所示。

图 3-12 分析产品各环节增值情况

案例：某品牌矿棉板的利润空间。

研究某品牌矿棉板 12 mm 平板的价值链和渠道利润分布时，先得知终端价格为 19 元/m²，厂家给代理商的价格为 17 元/m²，则得出代理商利润率约为 12%；从财务统计资料、行业人士介绍及目标企业介绍中了解到厂家的总成本和费用额，一步步得出厂家的利润空间，如图 3-13 所示。

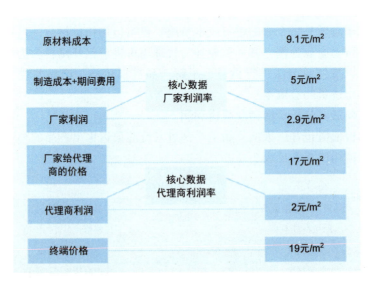

图 3-13 计算厂家数据

3.2 数据分析的常用工具和使用

3.2.1 三表理论

1. 参数表

参数表主要定义源数据表中可重复的数据，它的作用就是减少数据重复输入，降低出错概率。

2. 源数据表

源数据表是所有数据的来源，通常由行和列组成，每一行可以称为一个记录，列出具体的数据。需要严格定义其属性。

3. 应用表

应用表主要用来展示结果，可以是表格，也可以是图形。

在数据量大时，应用 Excel 三表方式的易维护性、低出错率和高工作效率的特点就表现出来了。下面通过三个案例来理解三表理论的应用。

案例一：中餐馆菜品每日销售量分析。

1）找到源数据表，如图 3-14 所示。

日期	百合酱蒸凤爪	翡翠蒸香茜饺	金银蒜汁蒸排骨	乐膳真味鸡	蜜汁焗餐包	生炒菜心
2015/1/1	17	6	8	24	13	13
2015/1/2	11	15	14	13	9	10
2015/1/3	10	8	12	13	8	3
2015/1/4	9	6	6	3	10	9
2015/1/5	4	10	13	8	12	10
2015/1/6	13	10	13	16	8	9
2015/1/7	9	7	13	8	5	7
2015/1/8	9	12	13	6	7	8
2015/1/12	6	8	8	3		4
2015/1/13	9	11	13	6	8	7
2015/1/14	9		7	8	9	4	7
2015/1/15	5	9	4	7	8	9

图 3-14 源数据表

2）在需求数据表的表头中找到源数据表对应的表头，如图 3-15 所示。

3）在需求数据表中选择全部数据缺失区域，在工具栏选择"数据验证"，选择"序列"，再在"来源"中点击右侧向上箭头并在源数据表中选择对应表头所在列区域，如图 3-16 所示。

日期	百合酱蒸凤爪	翡翠蒸香茜饺	金银蒜汁蒸排骨
2015/1/1	17	6	8
2015/1/2	11		
2015/1/3			
2015/1/4			

图 3-15　找到源数据表对应表头

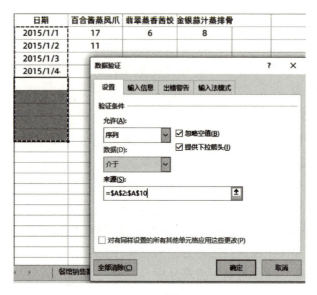

图 3-16　数据验证

案例二：各类型商品的每月销售额。

1）选择源数据表中的所有数据区域，如图 3-17 所示。

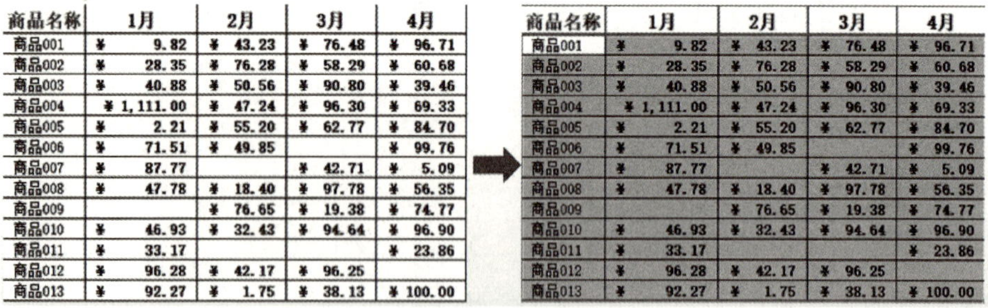

商品名称	1月	2月	3月	4月
商品001	¥ 9.82	¥ 43.23	¥ 76.48	¥ 96.71
商品002	¥ 28.35	¥ 76.28	¥ 58.29	¥ 60.68
商品003	¥ 40.88	¥ 50.56	¥ 90.80	¥ 39.46
商品004	¥ 1,111.00	¥ 47.24	¥ 96.30	¥ 69.33
商品005	¥ 2.21	¥ 55.20	¥ 62.77	¥ 84.70
商品006	¥ 71.51	¥ 49.85		¥ 99.76
商品007	¥ 87.77		¥ 42.71	¥ 5.09
商品008	¥ 47.78	¥ 18.40	¥ 97.78	¥ 56.35
商品009		¥ 76.65	¥ 19.38	¥ 74.77
商品010	¥ 46.93	¥ 32.43	¥ 94.64	¥ 96.90
商品011	¥ 33.17			¥ 23.86
商品012	¥ 96.28	¥ 42.17	¥ 96.25	
商品013	¥ 92.27	¥ 1.75	¥ 38.13	¥ 100.00

图 3-17　选中所有数据区域

2）在工具栏点击“替换”，然后点击“选项”按钮，如图 3-18 所示。

3）选中空值，如图 3-19 所示。

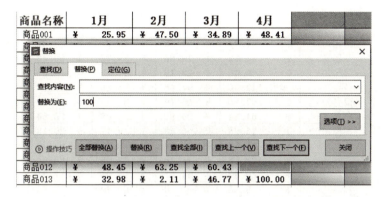

图 3-18 "替换"对话框

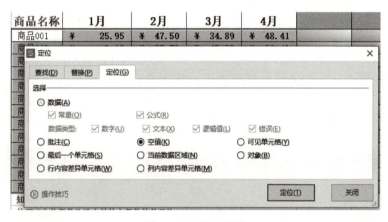

图 3-19 选中空值

4）单击"替换"按钮，将空值替换为 100，并单击"全部替换"按钮，如图 3-20 和图 3-21 所示。

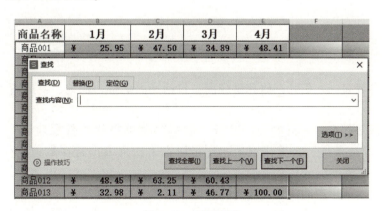

图 3-20 替换操作

商品名称	1月	2月	3月	4月
商品001	¥ 57.77	¥ 4.35	¥ 13.72	¥ 38.37
商品002	¥ 11.52	¥ 19.94	¥ 89.74	¥ 60.29
商品003	¥ 60.06	¥ 73.18	¥ 11.59	¥ 32.66
商品004	¥ 1,111.00	¥ 97.46	¥ 53.88	¥ 41.63
商品005	¥ 97.26	¥ 46.79	¥ 93.19	¥ 49.44
商品006	¥ 61.38	¥ 20.89	¥ 100.00	¥ 50.64
商品007	¥ 56.28	¥ 100.00	¥ 15.17	¥ 29.13
商品008	¥ 60.99	¥ 67.68	¥ 9.73	¥ 93.22
商品009	¥ 100.00	¥ 21.46	¥ 34.26	¥ 86.64
商品010	¥ 40.80	¥ 54.47	¥ 93.08	¥ 17.35
商品011	¥ 8.96	¥ 100.00	¥ 100.00	¥ 9.44
商品012	¥ 13.98	¥ 7.89	¥ 61.16	¥ 100.00
商品013	¥ 86.41	¥ 92.95	¥ 16.07	¥ 100.00

图 3-21 数据替换结果

案例三：用三表理论分析淘宝上茶叶卖家的进销存管理问题解决方案。

1）根据茶叶店的进销存管理内容，把表格设置成具有以下属性：产品名称、产地、供应商、进货时间、进货数量、存货数量、期限时间，如图 3-22 所示。

产品名称	产地	供应商	进货时间	进货数量	存货数量	期限时间
铁观音	福建	A公司	2017/9/15	20	5	2018/9/15
大红袍	武夷山	A公司	2018/3/1	50	10	2019/3/1
生普洱	云南	B公司	2016/6/6	43	15	2018/6/6
西湖龙井	杭州	C公司	2018/5/1	20	3	2019/5/1
茉莉花茶	北京	B公司	2018/1/2	30	14	2019/1/2
红茶	英德	A公司	2016/7/6	15	5	2018/7/6

图 3-22 设置属性

2）参数表——茶叶产地和供应商，包括产品名称、产地、供应商信息，如图 3-23 所示。

3）源数据表——订单表：选择"数据"菜单中的"数据验证"，在对话框中修改验证条件。设置完成后，便可以在下拉列表中选择数值，如图 3-24 所示。

4）显示应用表的内容。选择源数据表中的所有数据，在"插入"菜单中选择"数据透视表"，设定好筛选值后便可以在新的表中显示结果，例如显示保质期在今年内的所有茶叶的库存情况，如图 3-25 所示。

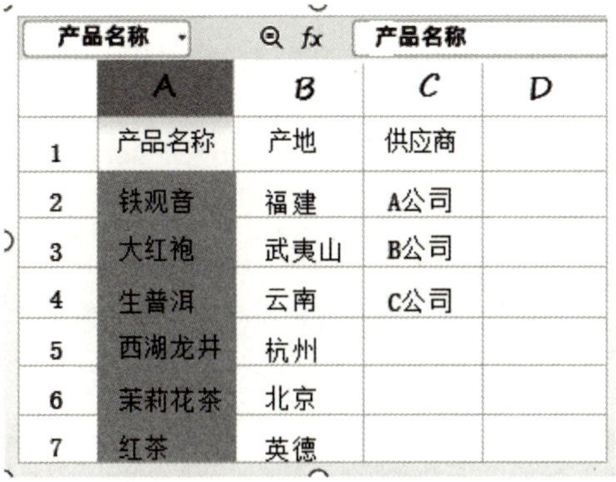

第 3 章 数据分析——实际工作中常用的数据分析方法

图 3-23 参数表

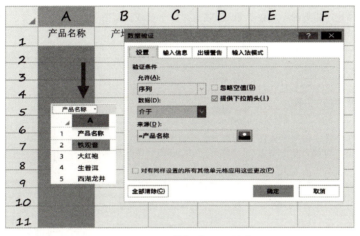

图 3-24 源数据表：订单表

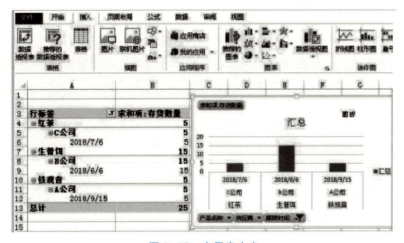

图 3-25 应用表内容

3.2.2 常用统计量和正态分布

1. 常用统计量（见表3-2）

表3-2 常用统计量的计算方法、含义及通用公式

	计算方法	含 义	通用公式
平均数	一组数据中所有数据之和除以这组数据的个数	反映数据集中趋势的一项指标	$\bar{x} = \dfrac{1}{n}(x_1 + x_2 + \cdots + x_n)$
中位数	按顺序排列的一组数据中居于中间位置的数值	代表一个样本、种群或概率分布中的一个数值，可将数值集合划分为数量相等的两部分	n 为奇数时，$m_{0.5} = x_{(n+1)/2}$ n 为偶数时，$m_{0.5} = \dfrac{x_{(n/2)} + x_{(n/2+1)}}{2}$ n 为数据个数
众数	在统计分布上具有明显集中趋势的数值	代表数据的一般水平。一组数据中出现次数最多的数值，有时在一组数中有多个众数	
方差	每个样本值与全体样本值平均数之差的平方值的平均数	研究方差（即偏离程度）有着重要意义，它能够衡量源数据和期望值的差距	$\sigma^2 = \dfrac{\sum\limits_{i=1}^{n}(x_i - \bar{x})^2}{n}$
标准差	方差的算术平方根	反映一个数据集的离散程度	$\sigma = \sqrt{\dfrac{1}{n}\sum\limits_{i=1}^{n}(x_i - \bar{x})^2}$
差异系数	一组数据的标准差与其均值之比的百分数	测算数据离散程度的相对指标，是一种相对差异度量	$CV = \dfrac{\sigma}{\bar{x}} \times (100\%)$

（1）平均数

平均数是统计学中最常用的统计量，表明各观测值相对集中的中心位置。反映一组数据的一般情况和平均水平，也可用于进行多组数据的比较，以得出组与组之间的差别。

应用：畜牧业、水产业、科学研究，广泛用于描述或比较各种技术措施的效果、畜禽某些数量性状的指标等。

不同的数据情况、不同的业务场景可选择不同的平均数类型。

1）算术平均数。算术平均数是指在一组数据中所有数据之和除以数据的个数。它是反映数据集中趋势的一项指标。

$$A_n = \frac{a_1 + a_2 + a_3 + \cdots + a_n}{n}$$

2）加权平均数。加权平均数是不同比重数据的平均数，就是把原始数据按照合理的比例来计算。算术平均数是加权平均数的一种特殊情况，即各项的权值相等。

$$\bar{x} = \frac{x_1 f_1 + x_2 f_2 + \cdots + x_k f_k}{n}$$

3）几何平均数。n 个观察值乘积的 n 次方根就是几何平均数。根据使用条件不同，几何平均数有加权和不加权之分。

$$G_n = \sqrt[n]{a_1 \cdot a_2 \cdot a_3 \cdot \cdots \cdot a_n}$$

4）平方平均数。平方平均数是 n 个数据的平方的算术平均数的算术平方根。

$$M_n = \sqrt{\frac{a_1^2 + a_2^2 + a_3^2 + \cdots + a_n^2}{n}}$$

5）调和平均数。调和平均数是平均数的一种，但统计调和平均数与数学调和平均数不同，在数学中调和平均数与算术平均数是自成体系的，计算结果上两者不相同且前者小于后者。

$$H_n = \frac{n}{\dfrac{1}{a_1} + \dfrac{1}{a_2} + \dfrac{1}{a_3} + \cdots + \dfrac{1}{a_n}}$$

6）指数平均数。其构造原理是对股票收盘价进行算术平均，并根据计算结果进行分析，用于判断价格未来走势。

其定义为：若 $Y = \text{EXPMA}(X, N)$，则 $Y = [2/X + (N-1)/Y']/(N+1)$，其中，$Y'$ 表示上一周期的 Y 值。

备注：EXPMA =（当日或当期收盘价 - 上一日或上期 EXPMA）/N + 上一日或上期 EXPMA，其中，首次上期 EXPMA 值为上一期收盘价，N 为天数。

（2）中位数

中位数即选取数列中间的数，它代表一个样本、种群或概率分布中的一个数值，是通过排序得到的，不受最大、最小两个极端数值的影响。部分数据的变动对中位数没有影响，当一组数据中的个别数据变动较大时，常用它来描述这组数据的集中趋势。需要注意的是，中位数只有一个。

例如，找出数列 23、29、20、32、23、21、33、25 的中位数。

n 为偶数，中位数为 $(23+25)/2 = 24$。

例如，找出数列 10、20、20、20、30 的中位数。

n 为奇数，中位数为 20。

（3）众数

众数是一组数据中出现次数最多的数值，有时众数在一组数中有多个。众数是数据的一种代表数,反映了一组数据的集中程度。日常业务中诸如"最佳""最受欢迎""最满意"等,反映一种最普遍的倾向。

应用:它是表达销售人员业绩时最常用的。

(4) 方差和标准差

方差的计量单位和量纲不便于从经济意义上进行解释,实际统计工作中多用方差的算术平方根——标准差来度量统计数据的差异程度。

$$s^2 = \frac{1}{n}[(x_1-x)^2+(x_2-x)^2+\cdots+(x_n-x)^2]$$

$$\sigma = \sqrt{\frac{1}{n}\sum_{i=1}^{n}(x_i-\mu)^2}$$

方差是衡量源数据和期望值差距的度量值。在许多实际问题中,研究方差(即偏离程度)有着重要意义。方差越大,数据的波动越大;方差越小,数据的波动就越小。方差(或者标准差)绝不意味着界限,而是系统性波动范围的一种度量。

2. 总体参数的估计方法

点估计:是依据样本估计总体分布中所含的未知参数或未知参数的函数。在抽样推断中不考虑抽样误差,因为抽样指标直接代替全体指标,不可避免地会有误差。

区间估计:是依据抽取的样本,根据一定的正确度与精确度要求构造出适当的区间,作为总体分布的未知参数或参数函数的真值所在范围的估计。允许一定范围内的误差。

无论是哪种估计方法,都属于总体参数估计问题,用于从局部结果推论总体的情况。其中,正态分布和 Z 分数是两种常用方法。

(1) 正态分布

正态分布是对一组数据整体分布情况的检测,利用观测数据判断总体是否服从正态分布的检验称为正态检验,是统计判决中一种重要且特殊的拟合优度假设检验。(如图 3-27 和图 3-28 所示)

正态分布给我们的启示是,要用整体视角看待事物,即所谓的"系统的整体观念或总体观念是系统概念的精髓"。

(2) Z 分数(即标准分数)

Z 分数是一个数据在团体中的位置。

标准化:一个数与平均数的差再除以标准差的过程,能够真实反映这个数与平均数的相对标准距离。

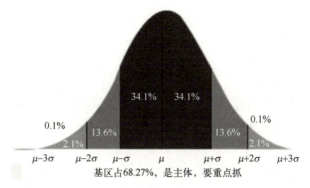

图 3-27 正态分布

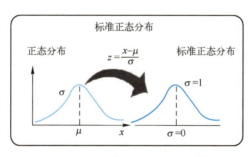

图 3-28 正态分布的不同形态

重要性：Z 分数是一个非常重要的指标，当原始分数的分布形态是正态分布时，把所有原始分数都转化为 Z 分数，就形成了标准正态分布，如图 3-29 所示。

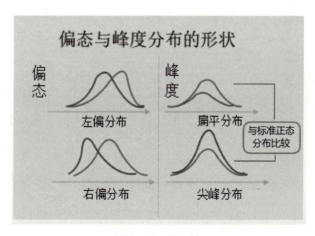

图 3-29 Z 分数

应用：
- 表示各原始数据在数据组中的相对位置。

- 对于正态数据，常用该数据以下或以上数据的比例，例如，分数线问题或人数比例问题。
- 表示标准化测验的分数。
- 用于异常值的取舍。
- 标准分数在学生教育评价中常有以下五种应用：纵横比较、成绩等级化、标准转化、等级比例确定、品质评定数量化。

3. 假设检验

假设检验是用于研究实验组与对照组之间是否有差异以及差异是否显著的办法，具体包含均值显著性检验、方差显著性检验、相关系数显著性检验以及比率的显著性检验。

1）均值显著性检验：指推断几个样本平均数代表的总体平均数是否相等的检验。

2）方差显著性检验：指推断几个样本方差各自代表的总体方差是否相等的检验。

3）相关系数显著性检验：指推断几个样本相关系数各自代表的总体相关系数是否相等的检验。

4）比率显著性检验：指推断几个样本相关比率各自代表的总体比率是否相等的检验。

通过一个案例来看一下以上部分统计方法和参数在实际案例中的应用。

案例：赵先生的日用百货公司。

赵先生分别在郑州和杭州开设了分公司。现在有下列数据作为两个分公司的销售额，集合中的每一个数代表着一年中某一个月的公司销售额，赵先生想要知道两个公司的销售额是否有存在明显的差异，以便对接下来公司的战略业务调整做出规划。

郑州分公司：$Z=\{23,25,26,27,23,24,22,23,25,29,30\}$。

杭州分公司：$H=\{24,25,23,26,27,25,25,28,30,31,29\}$。

通过计算发现，杭州分公司的年平均销售额 26.63 大于郑州分公司的年平均销售额 25.18，那么是否只需要平均值就能知道哪个分公司的销售额更大吗？于是继续使用方差检验来考察这两组数据。

根据 p（当原假设为真时，比所得到的样本观察结果更极端的结果出现的概率）值的计算公式 $p=2[1-\Phi du(z0)]$ 得到假设检验的 p 值 = 0.2027。

原假设：样本集 Z（郑州分公司）和样本集 H（杭州分公司）不存在显著性差异。

判断原则：在显著性水平 $\alpha=0.05$ 的情况下，$p>0.05$ 接受原假设，p 值 <0.05 拒绝原假设。

判断结果：$p=0.2027>0.05$，接受原假设。

最后得出结论：两个分公司的销售额并没有明显的差异。

通过这个案例发现，仅通过平均数并不能判断两组数之间是否存在真正的差异，想要判断样本与对总体所做的假设之间的差异是纯属机会变异，还是因所做的假设与总体真实情况之间不一致所引起的，就可以使用假设检验。

4. 聚类分析

聚类分析是指将对象的集合分组为由类似的对象组成的多个类别的分析过程。聚类分析有两个重要的步骤，其中，分类是向事物分配标签，而聚类是将相似的事物放在一起，如图 3-30 所示。

聚类算法	聚类	分类	分类算法
● K均值（K-means） ● DBSCAN ● DPEAK ● Mediods ● Canopy	无监督式数据 并不高度重视训练集 只用无标签数据 目的是找出数据间的相似之处 只有一步 确定边界条件不是最重要的 通常不涉及预测 无需预先知道类别信息 不那么复杂 用于根据数据中的模式进行分组	监督式数据 高度重视训练集 无标签数据和有标签数据两者皆有 目的是确认数据属于哪个类别 包含两步 在操作步骤中，确定边界条件至关重要 涉及预测 需要预先知道类别信息 更复杂些 用于将新样本分配到已知类别中	● K近邻（KNN） ● 决策树 ● 朴素贝叶斯 ● 逻辑回归 ● 支持向量机 ● 随机森林

图 3-30　聚类与分类

聚类分析应用举例如下。

（1）商业

聚类分析是用来发现不同的客户群，并且通过购买模式刻画不同客户群的特征细分市场的有效工具，也可用于研究消费者行为，寻找新的潜在市场、选择实验的市场，并作为多元分析的预处理。

（2）生物

聚类分析可用于动植物分类和对基因进行分类，以加深对种群固有结构的认识。

（3）保险行业

通过平均消费来鉴定汽车保险单持有者的分组；根据住宅类型、价值、地理位置来鉴定一个城市的房产分组。

（4）电子商务

聚类分析在电子商务网站建设的数据挖掘中也是很重要的一个方面，通过分组聚类出具有相似浏览行为的客户，并分析客户的共同特征，帮助了解自己的客户、向客户提供更合适的服务。

3.2.3 函数和公式

在 Excel 中，函数实际上是一个预先定义的特定计算公式。按照这个特定的计算公式对一个或多个参数进行计算，并得出一个或多个计算结果（函数值）。使用这些函数不仅可以完成许多复杂的计算，而且还可以简化公式的繁杂程度。函数的参数可以是数字、文本、True 或 False 的逻辑值、数组等。

案例一：根据身份证号提取出生日期。

Excel 中的计算公式为：=1*TEXT(MID(B2,7,8),"0-00-00")，如图 3-31 所示。

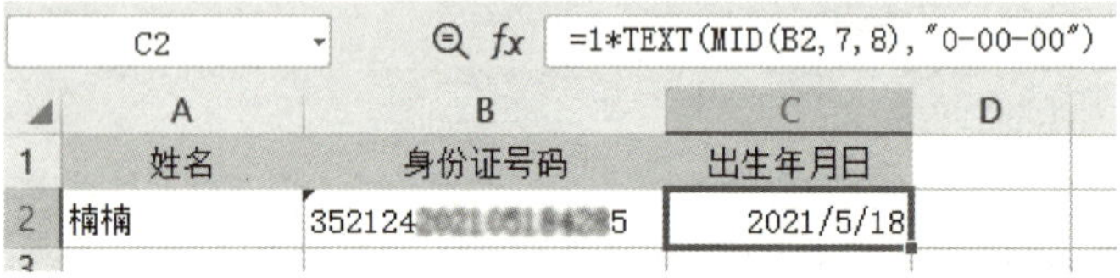

图 3-31 提取身份证号中的出生日期

首先使用 MID 函数从 B2 单元格的第 7 位开始，提取出表示出生日期的 8 个字符，结果为"19780215"，再使用 TEXT 函数将字符串转换为日期样式："1978-02-15"，然后通过"*1"计算将其转换为真正的日期，最后设置为日期格式即可。

案例二：多条件查找。

要求查询部门为"生产"、岗位为"部长"的姓名。公式为：=LOOKUP(1,0/((B2:B9=F2)*(C2:C9=G2)),A2:A9)，如图 3-32 所示。

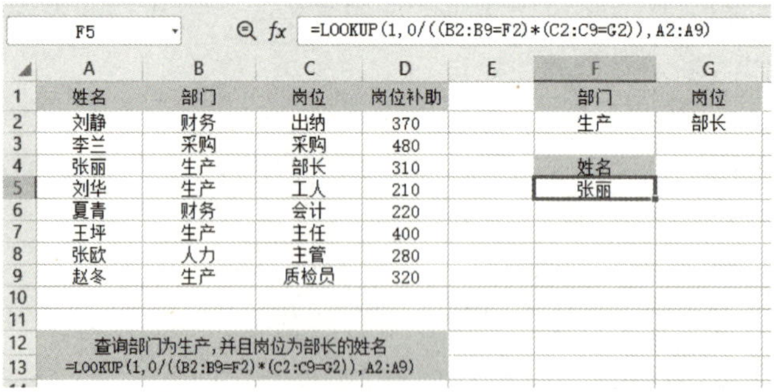

图 3-32 多条件查找

LOOKUP 多条件查询公式写法为=LOOKUP(1,0/((条件区域1=条件1)*(条件区域2=条件2)),查询区域)。

3.2.4 数据透视

数据透视功能能够将筛选、排序和分类汇总等操作依次完成，并生成汇总表格。数据透视是一种可以快速汇总大量数据的交互式方法。使用数据透视表可以深入分析数值数据，并且可以回答一些预计不到的数据问题。例如某公司的一份销售流水数据，如图 3-33 所示，有时间、月份、区域、商品、数量、金额几个字段。

时间	月份	区域	商品	数量	金额
2017/8/2	8月	金华	电视机	27	508127
2017/8/5	8月	杭州	空调	109	379211
2017/8/9	8月	金华	电视机	111	376512
2017/8/9	8月	杭州	冰箱	97	356847
2017/8/10	8月	杭州	电饭煲	100	100000
2017/7/11	7月	金华	洗衣机	107	424362
2017/7/13	7月	金华	电视机	95	384857
2017/10/21	10月	杭州	电饭煲	100	100000
2017/10/24	10月	杭州	冰箱	79	588767
2017/10/30	10月	金华	冰箱	78	322842
2017/11/2	11月	金华	空调	76	427266

图 3-33 销售流水数据

现在针对不同的数据汇总需求，可制作不同的数据透视表进行汇总分析。针对不同的分析需求，各个字段需要放置的位置不同，如图 3-34 所示。

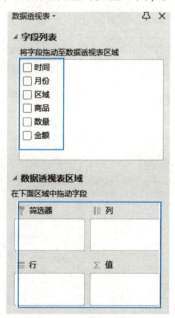

图 3-34 选择数据透视表字段

1）需要知道各个区域销售的数量和金额情况时，将"区域"字段拖动至"行"，将"数量"和"金额"字段拖动至"值"即可，操作窗口如图 3-35 所示。

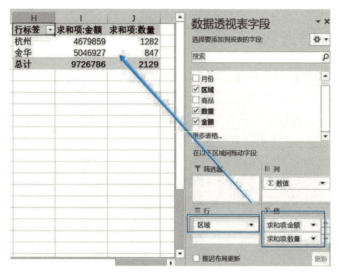

图 3-35 各区域销售数量和金额

2）需要知道每个区域各种商品的销售金额时，有两种展示方式：第一种是将"区域"和"商品"字段都拖入"行"，将"金额"拖入"值"，效果如图 3-36 所示；第二种是将"区域"拖入"行"，将"商品"拖入"列"，将"金额"拖入"值"，得到的结果如图 3-37 所示。

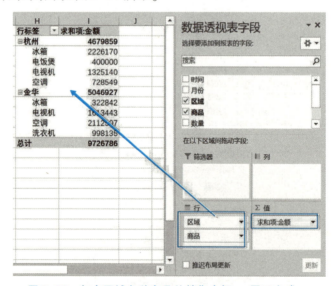

图 3-36 每个区域各种商品的销售金额：展示方式一

3）需要知道各个区域、各种商品销售的数量和金额情况时，也有两种展示方式：第一种方式是将"区域"和"商品"两个字段都拖入"行"，将"数量"和"金额"拖入值，展示效果如图 3-38 所示。第二种是将"区域"拖入

"行",将"商品"拖入"列",将"数量"和"金额"拖入"值",展示效果如图 3-39 所示。

图 3-37 每个区域各种商品的销售金额:展示方式二

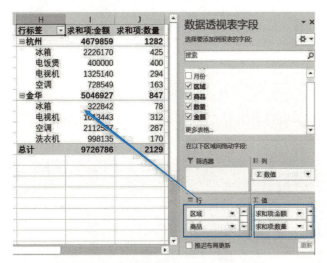

图 3-38 各区域各商品的销售:展示方式一

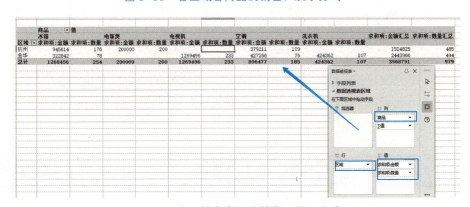

图 3-39 各区域各商品的销售:展示方式二

4)需要知道每个区域每个商品每个月销售金额是多少时,首先确定分析的侧重点在哪个部分,然后决定字段的位置,示例如图 3-40 所示。

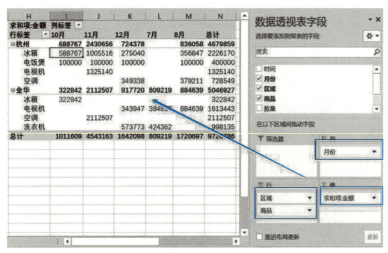

图 3-40　各区域各商品每月销售金额

当然根据自己的需要,"月份""区域""商品"三个字段的位置可以调整,并且"行"项目里可以更换上下级的位置,图 3-41 所示为"商品"和"区域"调换位置的结果。

图 3-41　"商品"和"区域"调换位置的结果

3.3　数据可视化

3.3.1　优秀图表必备元素

1) 一份优秀的图表一般具备以下六点元素:标题、商务图标 LOGO、图例、

第 3 章 数据分析——实际工作中常用的数据分析方法

底色、坐标轴以及注释,如图 3-42 所示。

序号	知识点	快捷键	详细	简介	注意事项
1	标题/副标题	/	01. 标题:一般使用粗体,不要换行显示,使用"引用"方式,避免更改标题未同步 02. 副标题:一般用来说明单位、指标名称等(非必要)	图表的"大纲",一眼能看出图表展示什么含义	01. 标题在一般情况下都需要,而副标题如果数据简单,则可以不添加
2	商务图表LOGO	/	01. 非必要的元素,可以在图表的左上角放置LOGO,与企业LOGO主题色相符合集合,或者使用通用的深蓝色主题	为图表的配色添加指向标,可选可不选,可以使用默认色块	/
3	图例	/	01. 图例:放置于标题之下图表之上,如果有多列数据一般情况下请不要显眼图例	用于快速区分数据的图示,类似地图中的图示	01. 单一数据的时候可以不适用,复杂数据时候必须添加图例,才能区分出数据
4	底色/网格线	/	01. 底色:使用了保险的灰色,与正文区分出来,几乎在任何场景都适用 02. 网格线:网格线使用了浅色,不会对图表产生干扰	/	01. 使用底色切勿喧宾夺主,遮盖了图表区域
5	坐标轴	/	01. X轴:复杂数据简写,不影响整体 02. Y轴:左对齐,并无虚线,带需短单位需标注	/	/
6	脚注/注释	/	01. 脚注:标记数据来源,体现严谨性 02. 注释:对图表的情况进行说明(非必要)	/	01. 为了突显专业,脚注并要添加数据来源 02. 注释在特殊情况下才需添加,例如版权等信息

图 3-42 优秀图表具备的元素

2) 抛弃默认配色,使用自定义风格,如图 3-43 所示。

序号	知识点	快捷键	详细
1	4种配色场景	/	01. 序列配色:图表中的序列,包括柱状、圆饼、线条、散点等等 02. 背景配色:整个图表的底色+边框 03. 文字配色:图表中的自带文本框+插入文本框配色 04. 边框/Logo配色:图表的边框/网格线/Logo配色
2	商务配色卡	/	配色方案可以模仿一些优秀风格的案例,利用colorpix取色快速配色
3	设置默认配色	/	【页面布局】-【颜色】-【自定义颜色】

图 3-43 配色风格要点

3) 安装免费可商用的字体包,如图 3-44 所示。

序号	知识点	快捷键	详细	简介	注意事项
1	主题保存	/	操作步骤: 01. 选择相应的【颜色】【字体】【效果】 02. 然后点击【页面布局】-【保存当前主题】	/	01. 使用保存当前主题的时候,会自动弹出文件夹的位置,这是Excel默认自定义主题的地方,不要去修改它,以免Excel读取不到主题。
2	设置为启动模板	/	操作步骤: 01. 新建一份空的工作簿,然后选择相应的主题 02. 点击另存为,选择【.xltx】Excel模板文件,名名为"芒种商务风",保存即可 03. 在【文件】选项卡下的【新建】,找到【个人】里的Excel模板,右击【固定到列表】,下次新建,就可以从列表里直接新建对应主题的模板了。	/	01. 模板文件可以跨电脑保存,如果更换电脑的时候,将整个模板文件夹直接拷贝过去即可。

图 3-44 字体包注意事项

4) 在 Excel 中设定自定义主题为默认主题

可以将自定义主题设置为 Excel 的默认主题,或者新建一份使用该主题的空模板，每次新建 Excel 文件就不用从头开始设置了，如图 3-45 所示。

图 3-45　设定主题

3.3.2　Excel 可视化图表的选取

1. 选择可视化图表的四个过程

根据统计学专家 Nathan Yau 的总结，在数据可视化的过程中一般要经历四个过程，不管是商业展示还是科学展示，要想得到完美的图表，都要在这四个过程中反复思索。

1）你拥有什么样的数据？
2）你想从数据中获取什么信息？
3）你该使用什么样的可视化方法？
4）你看到的可视化结果是否有意义？

具体判断过程如图 3-46 所示。

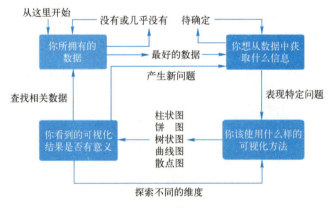

图 3-46　判断过程

2. 可视化图表选择指南

图表类型的选择尤为重要，国外专家 Andrew Abela 将图表分成四大类：比较、分布、构成、联系，并整理了一份图表选择指南，如图 3-47 所示。

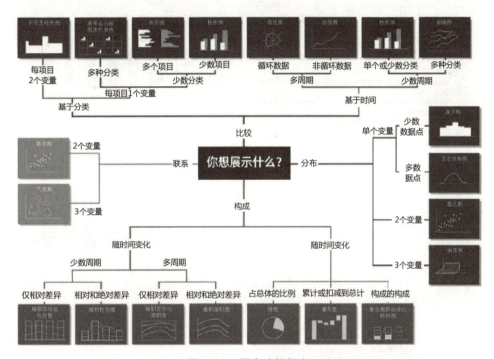

图 3-47　图表选择指南

3.3.3　必学基础图表

1. 类别对比：柱状图使用场景/技巧

无论基础图表、特色图表还是仪表盘，柱状图都是 Excel 中出现频率最高的图表，甚至可以说不知道使用什么图表的时候，就可以使用柱状图。当然柱状图最主要的使用场景还是类别比较、时间趋势分析，如图 3-48 所示。

2. 类别对比：条形图的使用场景/技巧

柱状图是垂直的，而条形图是水平的，其中条形图的绝大部分功能跟柱状图接近，但是类别名称比较长的时候优先使用条形图而不是柱状图，以便让类别名称完整显示出来。另外，不能排序的项目需要优先使用条形图，然后才是柱状图，这也是它们之间的一个差异——使用条形图可以勾选"逆序类别"，如图 3-49 所示。

精益数据运营——用数据驱动新商业革命

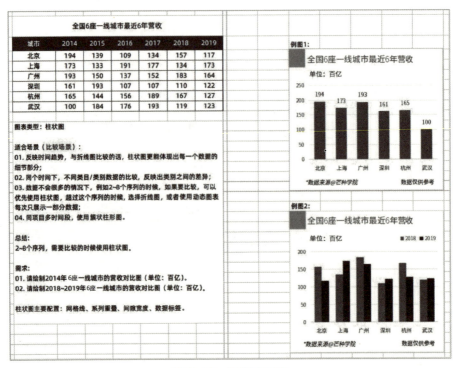

图 3-48 柱状图示例

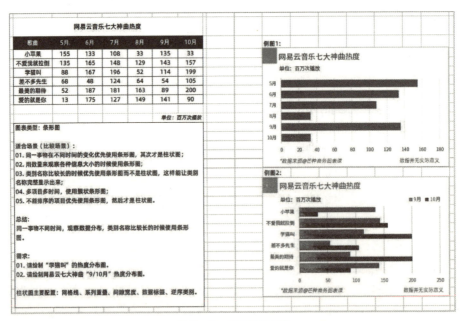

图 3-49 条形图示例

3. 双变量分析：散点图使用场景/技巧

散点图常用于分析 X、Y 两个变量之间的关系，使用简单，优缺点也很明显。

1）可以用于展示数据的分布和聚合。
2）适合展示比较大的数据。
3）看上去比较乱，数据细节不明显，只能看到相关、分布、聚合等信息。

常见的使用场景有身高/体重、广告投放/收入等，如图 3-50 所示，分析身高和体重之间的关联，使用不同的散点图会有不同的效果。

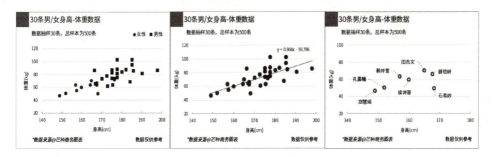

图 3-50　散点图示例

使用散点图能够分析出的关系总共有九种，可以利用 R 方来进行检测，如图 3-51 所示。

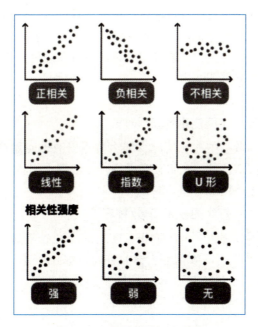

图 3-51　散点图的不同形式

4. 三变量分析：气泡图使用场景/技巧

对散点图进行扩展，就可以得到气泡图，气泡图比散点图多了一个维度，可以分析 X、Y、Z 之间的关联。但是气泡图的使用场景没有散点图那么广泛，并不适合展示大量的数据，一般用来观察少量数据的分布，如图 3-52 所示。

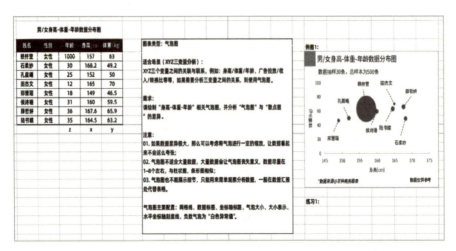

图 3-52　气泡图示例

5. 多属性分析：雷达图使用场景/技巧

在气泡图的基础上，对属性再次进行扩展，就可以得到用于分析多属性的雷达图。雷达图通常适用于分析 4~10 个维度的变量分布情况，但是雷达图能展示的数据比起气泡图又要更少，一般是单个条目或者双条目，并且在展示数据的时候，最好将所有的数据都统一为一个单位，或者进行归一化处理，否则对比就会丧失细节，如图 3-53 所示。

6. 占比分析神器：饼图使用场景/技巧

如果想统计不同数据的占比情况，那么就可以考虑使用饼图或者是圆环图，饼图系列是展示数据占比的一个最佳选择，并且数据不用转换成百分比就可以自动显示出来，如图 3-54 所示。

7. 时间趋势分析：折线图使用场景/技巧

折线图可以反映数据在一个有序变量上的变化，清晰展示数据的增减趋势、增减速度、增减规律、峰值等，并且在每一张图表中不能一次展示太多的折线图，尽量将数量控制在 1~3 条，否则数据会非常乱，如图 3-55 和图 3-56 所示。

第 3 章 数据分析——实际工作中常用的数据分析方法

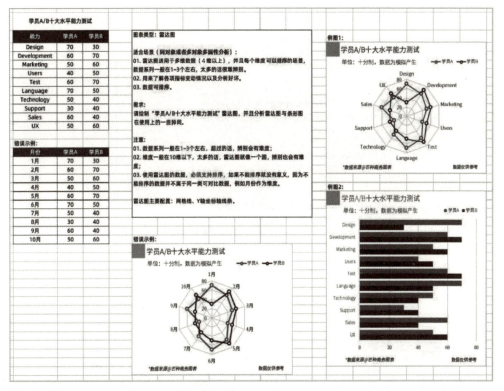

图 3-53 雷达图示例

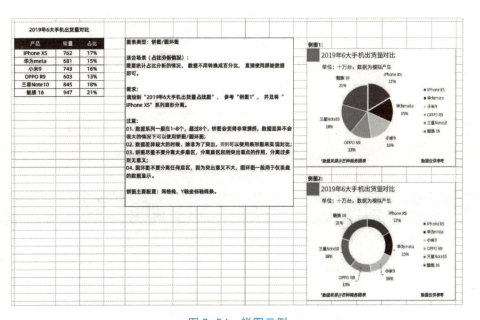

图 3-54 饼图示例

101

> 图表类型：折线图
>
> 适合场景（反映**整体的趋势**）：
> 反映数据在一个有序变量上的变化，可以清晰展示数据的增减趋势、增减速度、增减规律、峰值等。
>
> 需求：
> 01．请绘制"东京/伦敦平均气温"变化趋势图；
> 02．请绘制余额宝2013~2018年收益率变化的趋势。
>
> 注意：
> 在每张图表中不能一次展示太多折线图，否则数据会非常混乱，折线图的数量在1~3条即可。
>
> 优点：
> 01．能很好地展示数据沿某个维度的变化趋势；
> 02．能比较多组数据在同一维度上的趋势；
> 03．与散点图一样，适合展示大量数据，如果数据量大，选择不带标记，数据量少，选择带标记的折线图。
>
> 折线图主要配置：网格线、Y轴坐标轴线条。

图 3-55 折线图注意事项

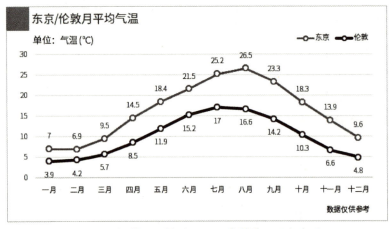

图 3-56 折线图示例（原图两条线为不同颜色）

3.4 销售订单监控及转化率分析

3.4.1 订单分析

1. 销售订单监控

随着企业业务的不断增长，销售订单也随之越来越多，财务或销售部门有时需要核对客户的账目，常常因数量多而难以查找，特别是对于成长中的企业，它们的客户需要回馈或回访，这就造成了没有凭证的情况，比如电商类或批发运营类，其客户的追踪服务缺失很容易导致丢失老客户。

销售订单管理系统能让员工实时记录订单，可以共享给领导和其他相关部门，并且能够上传凭证从而实现有根据的操作。只需要分发账号给员工，就可以实现多人协同管理订单，同时可以进行无纸化仓库办公。相信该系统在大数据时代能够给传统企业的发展带来新的管理模式，让企业的效率得到提升。

下面通过一个销售订单执行预警案例来了解销售订单的流程。

某集团创建于1995年，是一家致力于以创新科技、优质服务提供全方位解决方案的科技公司。旗下产品包括汽车电子、LED节能照明产品、智能物联、数字产品、精密塑胶模具等。

（1）项目背景

订单延迟交付找不到原因和责任部门，各部门互相推诿，导致公司违约，影响销售回款和公司商誉，客户满意度低。

（2）项目目标

对销售订单执行的各个节点进行数据监控和时长预警，及时监控各个节点的用时状况，做到及时预警、及时调控，达到缩短交付时间的目的；从销售、费用、应收账款、库存等方面分析销售情况、费用情况、库存情况、应收账款情况，从多个方面监控公司经营具体处于何种状态。

（3）项目价值

能及时找出订单执行逾期节点，并针对性地进行解决；极大地提升解决效率，有效降低订单交付逾期天数；提升客户满意度以及挽回公司形象和信誉。

（4）成果展示

1）对订单全过程进行数据监控，及时展现订单需求阶段及订单执行阶段各个节点的具体执行情况。

2）可下钻到销售订单执行过程明细，及时查看各个订单的执行情况，也可聚焦某个销售订单，查看执行过程明细。

3）可对主数据节点进行数据监控，并显示主数据的执行情况，如图3-57所示。

4）监控详细的订单执行过程节点信息，如图3-58所示。

5）销售订单执行超期节点统计，用于监控订单所有异常节点情况、延滞时长，及时分析哪个业务环节出现问题，并进行整改。

6）对销售接单与发货进行系统分析，追踪相关销售情况。

图 3-57 主数据节点监控表

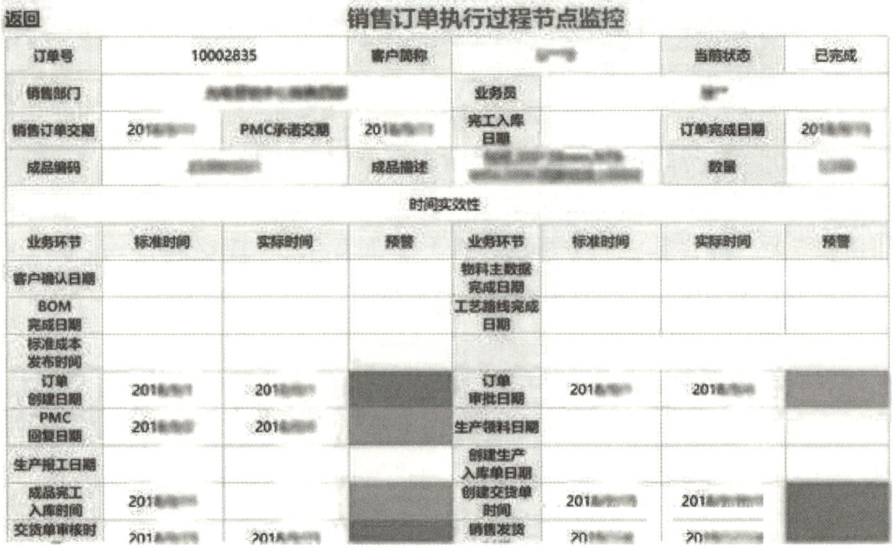

图 3-58 销售订单执行过程节点监控

7）用于分析费用相关的数据，实时掌控支出情况，合理缩减成本。
8）用于分析库存相关的数据，对库存管理起到良好的监督作用。

2. 订单管理的关键节点

订单管理的关键是找到订单中的关键节点，并对关键节点中的关键行为进行监控，方能达到有效的监控效果。以制造业为例，其订单管理的关键节点如图 3-59 所示。

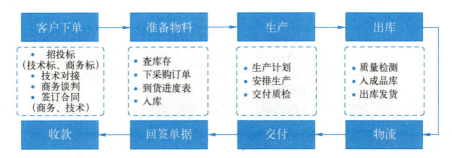

图 3-59 制造业订单管理的关键节点

3.4.2 转化率分析

转化率=订单量/访问量,从公式可以看出转化率就是指将流量转化为付费流量的比例,转化率高是保证现金流的关键要素。可以使用杜邦分析体系进行转化率的分析,因为杜邦分析体系的核心思路是把问题一层层分解,直到最根本的问题为止,这符合流量逐层转化的内核。下面来看一下如何使用杜邦分析体系进行转化率分析,提升销售额,如图 3-60 所示。

图 3-60 使用杜邦分析体系进行转化率分析

图 3-61 将销售额这个结果过程化了,体现了影响销售额的 10 个关键指标。如果不考虑指标之间的关联,各指标提升 10% 意味着销售额也可能提升 10%,所以要提升销售额就要找到店铺的薄弱环节,各个击破。右边的五个指标值发生变化后很可能会影响左边的"成交率"和"成交单数",但左边的五个指标发生变化时不会影响右边的指标值。一般来讲店铺对"率"的影响力会大于对绝对值的影响力——路过人数可能没有办法影响,但是可以想办法提高比例;没办法提高零售价,但可以控制销售折扣。

杜邦分析体系还可以继续简化为图 3-61 所示公式。

图 3-61 销售额公式

对以上关键指标具体分析如下。

(1) 路过人数

路过人数一般没有办法直接影响，它和前期的拓展计划、选址等密切相关。

1) 路过人数和店铺所处的商圈以及店铺在商圈的位置等有关。

2) 百货商店中专卖店的路过人数和店铺是否在主动线有关。

3) 邻店促销活动也能提升自己的路过人数。

4) 加大广告宣传力度也可以提高路过人数。

(2) 进店率

1) 门头、水牌、橱窗陈列、门店的灯光、播放的音乐甚至台阶等直接影响进店率。

2) 扩大商圈也能提升进店率，例如目前超市流行的开通购物专车就是扩大商圈的做法。

3) 有些科技手段也能提升进店率，例如顾客走到店门口马上就能收到一条包含商场促销信息的短信、微信等。

4) 提供 WiFi 等特殊服务项目。

(3) 成交率

影响成交率的具体指标按人、货、场进行分析，可得到图 3-62 所示分析结果。

图 3-62 影响成交率的因素

（4）平均零售价

平均零售价（这里是指标牌价，不是成交价）实际上是和卖场或品牌的定位相关的，宏观来说，零售价的背后是消费者的收入、消费水平、消费结构、消费习惯等，微观来说，定价策略、采购策略、买货水平、商品结构等都影响着零售价。

（5）销售折扣（如图3-63所示）

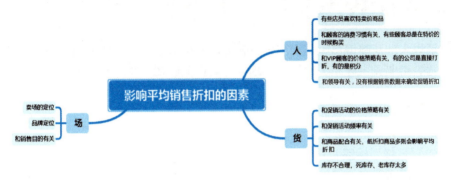

图3-63　影响平均销售折扣的因素

（6）连带率

连带率在零售业的各项指标中有着举足轻重的地位，它反映了顾客购物的深度和广度，所以每个零售商都会下很大工夫来研究这个指标。影响连带率的因素很多，如图3-64所示。

图3-64　影响连带率的因素

指标提升的难易程度为：连带率>成交率>销售折扣>进店率>零售价>路过人数。

3.5 销售人群分析

3.5.1 销售人群基础信息库

销售人群基础信息库是实现用户分类的基础数据建设，在数据库中用宽表存储。宽表指业务主题相关的指标、维度、属性关联在一张数据表中。

(1) 表格行

每一行代表一个独立的客户记录。

每一条客户记录以列值的数据集合来描述客户的属性与特征。

(2) 表格列标签和列值

用以记录客户的属性与特征，客户数据越丰富，宽表中的列就越多。对于金融、零售等业务复杂、交易频繁的行业，可包含多达数百个甚至数千个不同的列标签。常用特征和属性包含年龄、性别、职业、收入水平、购买记录、交易时间、地址位置等，如图 3-69 所示。

	A	B	C	D	E	F	G	H	I	J	K	L	M
1	客户信息表												
2	客户名称	客户类别	主要业务及产品	单位地址	姓名	职务	生日	办公电话	手机	结转日期	所有欠款	预付款	余欠款
3	宏达汽修	定点	汽车维修保养	静宁路	李华	销售	5.26	2650256		9.25	15000.00	9000.00	6000.00
4	昌达驾校										0.00	0.00	0.00
5											0.00	0.00	0.00
6											0.00	0.00	0.00
7											0.00	0.00	0.00
8											0.00	0.00	0.00
9											0.00	0.00	0.00
10											0.00	0.00	0.00
11											0.00	0.00	0.00
12											0.00	0.00	0.00
13											0.00	0.00	0.00
14											0.00	0.00	0.00
15											0.00	0.00	0.00
16											0.00	0.00	0.00
17											0.00	0.00	0.00
18											0.00	0.00	0.00
19											0.00	0.00	0.00
20											0.00	0.00	0.00
21											0.00	0.00	0.00
22											0.00	0.00	0.00
23											0.00	0.00	0.00
24											0.00	0.00	0.00
25											0.00	0.00	0.00
26	合计										15000.00	9000.00	6000.00
27													

图 3-69　客户信息表

3.5.2 销售人群定量分析

1. 客户定量分析指标

除了客户的自然属性外，客户的相关信息也是可以进行量化的，具体包含会员顾客维度、客单价、件单价、连带率以及购物平均停留时间，如图 3-70 所示。

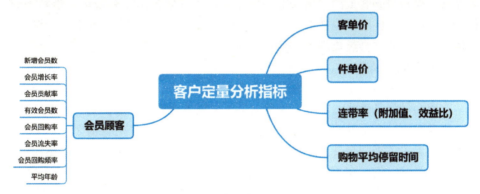

图 3-70 客户定量分析指标

2. 顾客指标

（1）客单价

客单价=销售总金额÷有交易的顾客总数。

一般用成交总笔数来代替顾客总数，理论上这两个数字是一致的，但是顾客经常会有一次购物多次开单交易的情况，所以成交笔数实际上是大于或等于有交易的顾客数的。客单价既可以反映客户的质量，也可以反映店铺员工的销售能力以及店铺的商品组合等。

（2）件单价

件单价=销售总金额÷销售总数量。

（3）连带率

连带率=销售总数量÷成交总单数。

连带率有不同的叫法，如附加值、效益比、平均客件数、购物篮系数等。连带率反映的是顾客每次购物的深度。注意：连带率数据有时会受人为影响，

3. 会员顾客指标

（1）新增会员数

新会员数=期末会员总数-期初会员总数。

如果将会员看成企业的财富，新增会员就是在不断地积累财富。大部分零售企业会把这一项作为店铺员工的 KPI 考核指标之一。

(2) 会员增长率

会员增长率＝某段时间内新增会员数÷期初有效会员数×100%。

会员增长率是体现企业会员增长速度的一个重要指标。

(3) 会员贡献率

会员贡献率＝会员销售总金额÷店铺销售总金额×100%。

会员贡献率并不是越高越好，其在每个企业会有一个合理的区间，如果数值太高就显得新增顾客太少，增长被局限了，而太低则提示没有稳定的销售来源。行业不一样这个区间段也会不一样，店铺间也会不一样，例如，商业区店铺和写字楼、社区店铺的会员贡献率都是不同的。

(4) 有效会员数

会员总数多不一定强，有效会员数多才是硬实力。

有效会员就是满足一定贸易条件的会员。随着企业的发展，必然会存在很多在一段时间内没有交易的会员，这些会员实际上已经没有任何价值了，需要在分析中剔除出去，否则会员分析也没有意义。有效会员的贸易条件一般根据时间和交易量来设定，例如在 12 个月内必须有至少 1 次消费、6 个月内必须有不少于 3 次消费记录等。这两个指标需要结合顾客的消费频率来定，行业不同标准也会有差异。有效会员数还可以衍生出有效会员占比这个指标，公式如下：

有效会员占比＝有效会员数÷累计会员总数×100%。

(5) 会员回购率

会员回购率＝某段时间内有交易的老会员数÷期初有效会员总数×100%。

会员回购率一般用在月度、季度和年度的分析上，是衡量顾客忠诚度的一个指标。严格地说这是个老会员的回购率公式，因为新增会员的回购不在其中。

(6) 会员流失率

会员流失率＝某段时间内流失掉的会员数÷期初有效会员总数×100%。

这个指标反映了会员顾客的流失速度，也反映了企业的运营现状，它和会员增长率是一对相向指标。会员流失有它合理的一面。例如，对定位在 20～30 岁的服装品牌来说，顾客年龄变大自然就会流失；对超市来说，如果顾客搬家了，流失也是合理的。会员流失率反映了顾客总量的流失情况，却没有办法反映出流失顾客的质量，因为流失掉一个客单价为 500 元和客单价为 5000 元的顾客显然是不能画等号的。

4. 定量分析步骤

定量分析领域是既广阔又深奥的，进行分析前要先做好计划。步骤如下。

(1) 确定想了解的内容

定量分析前需要弄清楚什么是真正想要了解的内容。由于定量分析会花掉许多的时间，所以需要在每一次日志文件查询和每一份主导的 CRM 报告中找出合适的理由,同时也不应该忘记将来可能用到的问题。完善的计划有助于确保高效性和全面性。

(2)选择正确的数据来源

一旦知道在寻找什么样的信息,下一步就是为这些信息确定最佳的数据来源。不同的数据来源分别用于回答不同的问题。

(3)清理和准备数据

为数据的精确度和完整性做出评估,并填补所有遗漏的部分,这是在数据分析前最为关键的一个步骤。

(4)选择正确的分析方法

一旦把全部数据都清理完毕,就需要知道使用哪种分析技术才能把这些数据加工成可用状态,得到有价值的信息。

第4章

数据应用（上）——深度分析数据掌握业务

在了解了数据获取以及数据分析的内容后，本章介绍数据应用的内容，重点学习进销存管理、潜在客户分析、潜在爆款产品分析以及用户路径分析等能够帮助我们深度理解业务的数据应用方法。

4.1 进销存管理

4.1.1 进销存概述

1. 进销存管理的范围

进销存管理是对企业生产经营中物料流、资金流进行条码全程跟踪管理，从接获订单合同开始，到物料采购、入库、领用，再到产品完工入库、交货、回收货款、支付原材料款等，每一步都为使用者提供详尽、准确的数据，有效辅助企业解决业务管理、分销管理、存货管理、营销计划的执行和监控、统计信息的收集等方面的业务问题。

进销存管理又称为购销链管理，具体内容如下。

1）进：指询价、采购到入库与付款的过程。

2）销：指报价、销售到出库与收款的过程。

3）存：指除出入库之外，领料、退货、盘点、报损报益、借出、调拨等影响库存数量的动作。

从狭义上讲，进指采购环节，销指销售环节，存指商品库存管理，如图4-1所示。

第4章 数据应用（上）——深度分析数据掌握业务

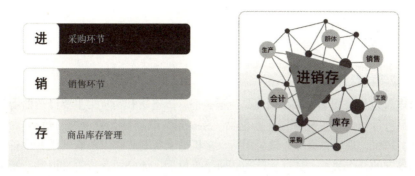

图 4-1 进销存管理

在实际进销存管理中，大店看重商品的周转，小店侧重商品的单次利润；线上看重商品折扣，线下侧重商品的库存。

2. 基本指标

进销存管理分析相关的指标同样按照进、销、存这三个环节进行搭建，如图 4-2 所示。采购环节主要包括采购三度、覆盖度以及采销匹配度三个分维度指标；库存环节主要包括服务指标、管理指标以及库存指标三个分维度；销售环节主要包括商品指标、结构指标、价格体系、畅滞销分析以及售后环节五个维度的指标。在实际工作中，企业通常会使用一套进销存系统来进行进销存管理，下面以某电气设备公司为例，看一下如何基于 Excel 进行企业的进销存管理设计。

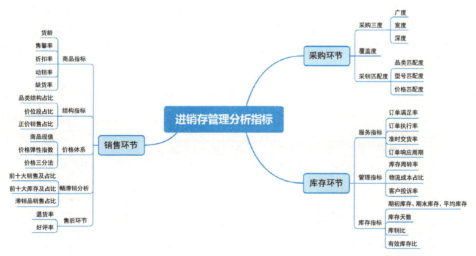

图 4-2 进销存管理的分析指标

4.1.2 进销存管理案例

1. 公司背景介绍

某电气设备公司是一家小型商品流通企业,以进货和销货为主要经营活动。其经销的商品有低压电器、变频器、断路器、接触器、继电器、警示灯、指示灯、按钮、按钮盒、风机、现场总线等。该公司与众多机械设备制造商以及电气成套设备商建立了长期稳定的合作关系。其存货管理调研结果显示,该公司存货管理混乱,尚未购买专业的存货管理软件,缺乏合理的进销存管理系统,对于存货的流转情况仍采用纸质载体进行记录,不仅耗时费力,还容易出现数据遗失和错误的情况。

2. 进销存管理模型简介

该电气设备公司设计的进销存管理模型分为 7 个 Excel 表格。下文将以该公司 2019 年 8 月的进销存业务为例阐述该模型的设计与使用。业务人员需要先创建一个 Excel 文件,命名为"存货进销存管理系统"。在该表中新建 7 个工作表,分别为存货期初数据表、采购业务表、付款情况表、产品销售业务表、收款情况表、库存管理表和进销总记录表。该模型需要使用 Excel 中的 VLOOKUP 函数、SUMIF 函数、数据验证(数据有效性)、条件格式和排序筛选等功能。

3. 进销存管理模型设计

(1)存货期初数据表设计

存货期初数据表可以直观地展示出公司期初存货的状况,如图 4-3 所示。期初的存货状况包括该公司期初有哪些存货,每一种存货的数量和金额分别是多少等。存货期初数据表可以由业务人员在每期的期初填制完成,业务人员可以根据上期期末的存货信息表以及实地盘点的存货信息填制。该表格中大部分数据是需要业务人员手动输入的,比如商品编码、商品名称、型号规格、单位信息。填完这些基本的商品信息

	A	B	C	D	E	F	G
1	存货期初数据表						
2	商品编码	商品名称	型号规格	单位	期初库存量	期初单位成本	期初余额
3	G001	变频器	HM12型	台	20	2109.00	42180.00
4	G002	断路器	IU03型	个	25	223.00	5575.00
5	G003	接触器	JW92型	个	12	124.00	1488.00
6	G004	继电器	KY05型	个	22	83.00	1826.00
7	G005	警示灯	LT01型	个	10	32.00	320.00
8	G006	按钮	P14型	个	80	10.00	800.00
9	G007	指示灯	QW02型	个	60	19.00	1140.00
10	G008	按钮盒	RF04型	个	15	21.00	315.00
11	G009	风机	T09型	台	14	308.00	4312.00

图 4-3 存货期初数据表

第4章 数据应用（上）——深度分析数据掌握业务

后，还需要将存货的期初库存量、期初单位成本输入到 E 列、F 列。G 列是期初余额，需要用 E 列和 F 列的数据来计算，在单元格 G3 中输入公式 "=E3*F3"，并用自动填充功能，拖动鼠标，将公式复制到 G 列下面的单元格。

（2）采购业务表设计

采购业务表可以反映公司一段时间内采购商品的情况，如图 4-4 所示，包括采购业务发生的时间、发票号、摘要、采购的商品信息，以及采购商品的数量、单价、金额等信息。该 Excel 表是业务人员随着采购业务的发生而填制的。当一项采购业务发生时，业务人员需要手动输入 A~D 列的基本信息，其他列根据商品编码，通过函数、数据验证等功能快捷获取。

	A	B	C	D	E	F	G	H	I	J	K	L	M
1	采购业务表												
2	业务日期	采购发票号	摘要	商品编码	商品名称	型号规格	单位	进货数量	进货单价	进货金额	供应商	已付货款	应付货款余额
3	8月1日	401211	从广东A公司购入接触器	G003	接触器	JM92型	个	200	120.00	24000.00	广东A公司	0.00	24000.00
4	8月2日	401212	从太原B公司购入警示灯	G005	警示灯	LT01型	个	50	34.00	1700.00	太原B公司	1700.00	0.00
5	8月3日	401213	从上海C公司采购断路器	G002	断路器	IU03型	个	100	223.00	22300.00	上海C公司	0.00	22300.00
6	8月4日	401214	从太原B公司购入按钮盒	G008	按钮盒	RF04型	个	30	20.00	600.00	太原B公司	0.00	600.00
7	8月5日	401215	从上海C公司采购变频器	G001	变频器	HM12型	台	50	2102.00	105100.00	上海C公司	0.00	105100.00
8	8月6日	401216	从广东A公司购入风机	G009	风机	T09型	台	30	302.00	9060.00	广东A公司	9060.00	0.00
9	8月7日	401217	从上海C公司采购继电器	G004	继电器	KY05型	个	20	84.00	1680.00	上海C公司	0.00	1680.00

图 4-4 采购业务表

（3）付款情况表设计

付款情况表是将采购业务表中与供应商、付款情况有关的内容进行整理的结果，如图 4-5 所示，包含供应商、应付货款、已付货款、应付账款余额四列信息。由于该公司有三个供应商，所以该表的 A 列与采购业务表中的 K 列类似，可通过设置数据验证来制作供应商下拉菜单，也可以复制采购业务表中的 K3 单元格内容，粘贴到付款情况表中的 A3 位置，然后再继续向下自动填充。

	A	B	C	D
1	付款情况表			
2	供应商	应付货款	已付货款	应付账款余额
3	广东A公司	33060.00	9060.00	24000.00
4	太原B公司	2300.00	1700.00	600.00
5	上海C公司	129080.00	105100.00	23980.00

存货期初数据表　采购业务表　付款情况表

图 4-5 付款情况表

(4) 产品销售业务表设计

产品销售业务表反映公司销售产品的情况,如图 4-6 所示,包括业务日期、摘要、客户、商品编码、型号规格、单位、销售数量、销售单价、销售收入、实收货款、应收账款余额、销售成本、销售毛利这些信息。该表格的结构和 Excel 操作与采购业务表类似,都用到了 VLOOKUP 函数、数据验证、数学公式和条件格式。该表格的 A 列、B 列、D 列、H 列、I 列、K 列都是业务人员根据销售的实际情况手动录入的。

业务日期	摘要	客户	商品编码	商品名称	型号规格	单位	销售数量	销售单价	销售收入	实收货款	应付货款余额	销售成本	销售毛利
8月8日	销售警示灯	广州b公司	G005	警示灯	LT01型	个	48	45.00	2160.00	2160.00	0.00	0.00	2160.00
8月9日	销售按钮	徐州a公司	G006	按钮盒	P4型	个	57	15.00	855.00	0.00	855.00	0.00	0.00
8月10日	销售指示灯	洛阳c公司	G007	指示灯	QW02型	个	50	28.00	1400.00	1400.00	0.00	0.00	1400.00
8月11日	销售断路器	宁波e公司	G002	断路器	IU03型	个	110	274.00	30140.00	0.00	30140.00	0.00	0.00
8月12日	销售接钮盒	徐州a公司	G008	接钮盒	RF04型	个	33	33.00	1089.00	1089.00	0.00	0.00	1089.00
8月13日	销售变频器	广州b公司	G001	变频器	HM12型	台	40	40.00	1600.00	108520.00	108520.00	0.00	108520.00
8月14日	销售继电器	洛阳c公司	G004	继电器	KY05型	个	32	32.00	1024.00	3264.00	3264.00	0.00	3264.00

图 4-6 产品销售业务表

(5) 收款情况表设计

收款情况表反映了客户、应收货款、已收货款、应收账款余额四方面的信息,如图 4-7 所示。该表格与产品销售业务表紧密相关。A 列可以利用数据验证设置客户下拉菜单,也可以将产品销售业务表中的单元格 C3 复制过来。B、C 两列需要运用 SUMIF 函数引用产品销售业务表中的数据。财务人员可以在 B3 单元格输入"=SUMIF(产品销售业务表!C:C,A3,产品销售业务表!J:J)",在 C3 单元格输入"=SUMIF(产品销售业务表!C:C,A3,产品销售业务表!K:K)"。D 列(应收账款余额)需要运用公式"应收账款余额=应收货款-已收货款"来计算。

	A	B	C	D
1	收款情况表			
2	客户	应付货款	已付货款	应付账款余额
3	广州b公司	110680.00	2160.00	108520.00
4	宁波e公司	30140.00	0.00	30140.00
5	徐州a公司	1944.00	1089.00	855.00
6	洛阳c公司	4664.00	0.00	4664.00

图 4-7 收款情况表

第 4 章　数据应用（上）——深度分析数据掌握业务

（6）库存管理表设计

库存管理表主要反映了存货的期初信息、本期采购信息、本期销售信息和期末信息，如图 4-8 所示。该表格的数据主要来源于存货期初数据表、采购业务表和产品销售业务表。

库存管理表

商品编码	商品名称	型号规格	期初结存数量	期初结存金额	采购数量	本期增加金额	销售数量	销售成本	期末结存数量	期末结存金额	单位成本
G001	变频器	HM12型	20	42180.00	50.00	105100.00	40	84160.00	30	63120.00	2104.00
G002	断路器	IU03型	25	5575.00	100.00	22300.00	110	24530.00	15	3345.00	223.00
G003	接触器	JM92型	12	1488.00	200.00	24000.00	0	0.00	212	25488.00	120.23
G004	继电器	KY05型	22	1826.00	20.00	1680.00	32	2671.24	10	834.76	83.48
G005	警示灯	LT01型	10	320.00	50.00	1700.00	48	1616.00	12	404.00	33.67
G006	按钮	T09型	80	800.00	0.00	0.00	57	570.00	23	230.00	10.00
G007	指示灯	QW02型	60	1140.00	0.00	0.00	50	950.00	10	190.00	19.00
G008	按钮盒	RF04型	15	315.00	20.00	600.00	33	671.00	2	244.00	20.33
G009	风机	T09型	14	4312.00	30.00	9060.00	0	0.00	44	13372.00	303.91

图 4-8　库存管理表

（7）进销总记录表设计

进销总记录表是对前几张表的总结概括，如图 4-9 所示，可以陆续将存货期初数据表、采购业务表、产品销售业务表的相关信息复制到该表中，然后将表格根据业务日期进行排序。排序的步骤是：先选中 A 列业务日期下的任意一个单元格，单击"开始"菜单中的"排序与筛选"，选择"升序"，进销总记录表即可完成。如果业务人员想要看某个商品的进销记录，可以利用筛选功能对 D 列（商品名称）进行筛选，即可得到类似 XX 商品明细账的进销记录表。具体操作

进销总记录表

业务日期	摘要	商品编码	商品名称	型号规格	单位	进货数量	进货单价	进货金额	销售数量	销售单价	销售金额	存货数量	存货单价	存货金额
8月1日	上期结转	G007	指示灯	QW02型	个							60	19.00	1140.00
8月1日	上期结转	G008	按钮盒	RF04型	个							15	21.00	315.00
8月1日	上期结转	G009	风机	T09型	台							14	308.00	4312.00
8月4日	从广东A公司购入接触器	G003	接触器	JM92型	个	200	120.00	24000.00						
8月4日	从太原B公司购入警示灯	G005	警示灯	LT01型	个	50	34.00	1700.00						
8月5日	销售警示灯	G005	警示灯	LT01型	个				48	45.00	2160.00			
8月7日	从上海C公司采购断路器	G002	断路器	IU03型	个	100	223.00	22300.00						
8月8日	销售按钮	G006	按钮	P14型	个				57	15.00	855.00			
8月10日	从太原B公司购入按钮盒	G008	按钮盒	RF04型	个	30	20.00	600.00						
8月12日	销售指示灯	G007	指示灯	QW02型	个				50	28.00	1400.00			
8月15日	销售断路器	G002	断路器	IU03型	个				110	274.00	30140.00			

图 4-9　进销总记录表

为：单击"开始"菜单中的"排序与筛选",选择"筛选",在商品名称这一列筛选"XX 商品",进销总记录表就只显示出 XX 商品的进销记录。

上述存货进销存管理模型在该电气设备公司进行了试用,该模型易于操作,有利于提高企业管理者的工作效率和公司的存货管理水平。该模型对于中小型商品流通企业有很好的借鉴意义,制造业企业也可以参照,并根据企业自身特点对模型中的 Excel 表格进行修改。该模型仅涉及了存货管理的进销存系统,Excel 在存货管理的其他方面也有很好的应用,比如经济订货批量、存货 ABC 管理法等都可以使用 Excel 来实现。

4.2 潜在客户分析

4.2.1 用户画像

(1) 人口属性

人口属性是应用最普遍的指标,例如,一个定位于年轻女性使用的中档美妆产品,只要准确定位,选择适合的营销媒介,就能够在确保预期销售转化的情况下,在产品营销上节省可观的费用。

性 别	年 龄	职 业	地理区域	支付能力	教育水平

(2) 交易历史

从客户的产品交易和服务交互历史记录中获得洞察,将目标用户按交易行为习惯进行分类,能够更好地理解目标客户的历史贡献、购买行为特征和渠道互动偏好,有利于策划个性化的目标产品。

例如,从系统中挑选出具有周期性购买行为的客户,主动邀请他们加入忠诚会员计划,向他们提供普通消费者不能享受的权益,增加他们的体验和价值感知,促进他们持续地贡献,提升他们的忠诚度。

购买频率	购买周期	平均订单金额	产品偏好	钱包份额	交易渠道选择	线下与线上偏好

(3) 生命周期

生命周期指标就是识别目标客户在生命周期中的位置和状态,从而结合生命周期不同阶段的需求策划针对性的产品和服务,最大化客户生命周期的价值贡献。生命周期指标用于指导客户导向的管理策略和营销行动,针对不同生命周期阶段的客户使用差异化策略。

（4）行为特征指标

客户行为特征指标是最有效的客户指标之一，在数字化营销环境下连续记录用户的行为成为可能，这也使得客户行为特征指标变得越来越重要，有助于进一步优化营销策略和销售绩效的客户洞察。

| 购买商品组合 | 渠道选择偏好 | 社交互动参与率 | 促销活动参与率 |

（5）客户个性指标

通过对客户消费的内容、产品和服务的相关性分析，能够洞察目标客户的个性特征，应用这些个性特征有助于准确定位潜在目标客户，从而策划高转化率的客户化营销活动。需要注意的是，客户的个性特征在不同行业或不同类型产品之间差异很大。一个日常生活消费上的节俭型购物者在证券投资行为上表现得非常激进的情况并不少见。

| 节俭型顾客 | 砍价高手 | 大宗买家 | 布道者 | 卓越的顾客 | 高互动的不经常购买者 |

（6）交易消费信息指标

交易消费信息用于记录客户购买产品和使用服务的交易、消费或使用记录。客户画像中应用的交易消费信息主要是指静态的交易信息和行为记录，深度的预测分析需要更加完备和连续的记录。

1) 消费记录：客户购买产品或使用服务的记录信息。
2) 支付信息：客户使用的支付方式、支付条款等。
3) 消费特征：基于客户消费记录的消费特征信息。
4) 忠诚奖励：客户积累积分或兑换奖励的记录信息。
5) 服务记录：客户对产品或服务故障报修或申诉的记录。
6) 服务交互：客户联络客户服务中心或在线服务的记录。

交易数据的作用：交易数据通常是由企业的业务系统记录的信息，是企业最重要和最有价值的信息资产。

1) 建立对客户消费行为的理解。
2) 评估客户在整体客户群中的价值。
3) 预测客户后续的消费行为。
4) 改进对客户需求的理解。
5) 预测客户未来可能购买的产品。

4.2.2 诉求分析

诉求分析即预测客户后续的消费行为，它可以使用客户洞察分析的 SMART

方法，即策略、指标、分析、报告和转变这五个步骤，如图4-10所示。

图 4-10　SMART 方法

1. 定义洞察策略，设定目标

1）客户是企业重要的资产，每个有效的客户策略都应从基础的客户定义出发，如忠诚客户、新增客户、活跃客户、流失客户等。

2）之后再明确定义期望达到的业务目标，比如忠诚客户的价值分群、新增客户的渠道来源、活跃客户的行为偏好、流失客户的原因倾向等。

2. 设计衡量指标，准备数据

1）客户属性：以客户的类型为主，可以应用客户画像或已经定义好的客户分群。

2）业务属性：基于业务场景，可以是产品组合或产品生命周期，也可以是服务过程或服务生命周期。

3. 分析可用数据，形成洞察

首先，建立对数据的全面理解，为后续的数据建模分析提供洞察，发现数据中存在的异常、不一致性或奇异分布；然后，应用分析工具和业务分析模型。

4. 报告重要发现，展示结果

指定报告展示策略：

1）基于结果回顾分析洞察过程是否正确和完整。

2）促进将重要的发现转变成后续业务改进行动的关键环节。

运用适合的可视化展示工具：

1）展示文本信息分析，根据社交关系联结、地理位置围栏等特殊数据特征和变化趋势进行展示。

2）帮助其他人员更直观、快速地建立对分析洞察结果的全面理解。

5. 形成转变业务的决策行动

基于洞察结果形成策略。对识别出的每一类客户进行细分，运用人口统计属性、流失倾向、潜在风险、交叉产品使用情况等维度变量，对客户群的定位、忠诚度、信用和产品偏好等给出解释和详细的描述。其中有一个重要的模型——微观分群模型，就能用来实现这样的目标，这些分群模型的组合或交叉能提供更多的业务机会来对客户进行定义和选择。

4.2.3 潜在客户预测

RFM 模型是衡量客户价值和客户创利能力的重要工具和手段，如图 4-11 所示，在众多的顾客关系管理（CRM）分析模式中，RFM 模型是被广泛提到的。该模型通过一个客户的近期购买行为、购买的总体频率以及花了多少钱三项指标来描述该客户的价值状况。

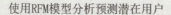

图 4-11　潜在客户预测

1）**R（Recency）**：客户最近一次交易的时间间隔。R 值越大，表示客户交易发生的日期越久，反之则表示客户交易发生的日期越近。

2）**F（Frequency）**：客户在最近一段时间内交易的次数。F 值越大，表示客户交易越频繁，反之则表示客户交易不够活跃。

3）**M（Monetary）**：客户在最近一段时间内交易的金额。M 值越大，表示客户价值越高，反之则表示客户价值越低。

以上三个指标会将维度再细分出五份，这样就能够细分出 125 类客户，再对每类客户精准营销。显然，125 类客户已超出普通人脑的计算范畴，何况是针对 125 类客户量体定制营销策略。而实际运用上，只需要把每个维度一分为二即可，这样在三个维度上依然得到了八组客户，如图 4-12 和图 4-13 所示。

下面通过一个案例来理解如何使用 RFM 模型进行潜在客户的分类，如图 4-14 和图 4-15 所示。

总的来说，RFM 模型可以识别优质客户，可以指定个性化的沟通和营销服务，为更多的营销决策提供有力支持，最终实现客户价值预测和客户利润创收能力。

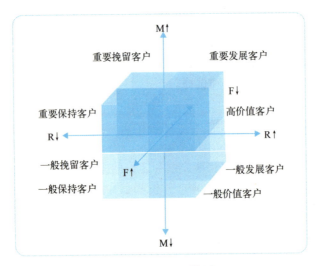

图 4-12　RMF 模型

R打分	F打分	M打分	客户类型
高	高	高	重要价值用户
低	高	高	重要保持客户
高	低	高	重要发展客户
低	低	高	重要挽留客户
高	高	低	一般价值客户
低	高	低	一般保持客户
高	低	低	一般发展客户
低	低	低	一般挽留

图 4-13　RFM 模型表格

Step1：计算用户的R、F、M打分

用户ID	最近一次消费间隔(R)	消费频率(F)	消费金额(M)	R值打分	F值打分	M值打分
1	4	1	4500			
2	3	12	1200			

R、F、M三个指标的打分：

按值打分	最近一次消费时间间隔(R)	消费频率(F)	消费金额(M)
1	R>20天	F<2	M<1000元
2	R>10&&R<=20	F>=2&&F<6	M>=1000&&M<1500
3	R>5&&R<=10	F>=6&&F<8	M>=1500&&M<3000
4	R>3&&R<=5	F>=8&&F<15	M>=3000&&M<5000
5	R<=3	F>=15	M>=5000元

图 4-14　潜在客户预测案例：Step1

第 4 章　数据应用（上）——深度分析数据掌握业务

Step2：计算平均值

用户ID	最近一次消费间隔（R）	消费频率（F）	消费金额（M）	R值打分	F值打分	M值打分
1	4	1	4500	4	1	4
2	1	12	1200	5	4	2
价值 平均值				4.5	2.5	3

Step3：用户分类

用户ID	R值打分	F值打分	M值打分	R值评价	F值评价	M值评价
1	4	1	4	低	低	高
2	5	4	2	高	高	低

Step4：对应表格，找到用户属于哪个分类
用户1：重要挽留用户（分类4）
用户2：一般价值用户（分类5）

图 4-15　潜在客户预测案例：Step2～Step4

4.3　潜在爆款产品分析

4.3.1　需求分析

需求分析可以通过筛掉明显不合理的需求、挖掘用户的潜在需求和动机、需求归类整理、匹配产品定位与资源情况，以及定义优先级五个步骤完成，如图 4-16 所示，这也是需求分析与筛选的漏斗模型模式——层层过滤，从感性到理性，越往后越理性。

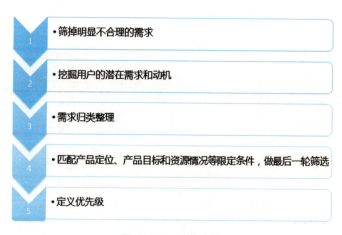

图 4-16　需求分析

1. 筛选明显不合理的需求

这个阶段的判断标准就是需求的合理性，使用经验、专业知识，甚至是直觉，过滤掉大部分需求，比如当前技术不可能实现的或意义不大的、投入产出比低的、明显不合理的需求。因为从各种渠道会收集到大量的需求，为了提高效率，这一步是非常必要的。有个简单的判断方法，即思考两个问题：这一需求做了会得到怎样的效果？不做又会导致哪些后果？如果做不做没多大区别，甚至做了会起到负面作用，那就不需要犹豫，可以直接过滤掉这一需求。

2. 挖掘用户的潜在需求和动机

这是用户需求进化为产品需求的关键一步。用户需求是用户想要的东西，产品需求是满足用户需求的解决方案。用户毕竟不是专业人士，考虑问题的出发点是用户自身，这就需求产品经理去挖掘用户的潜在需求和动机。

最著名的例子就是这句名言："如果我当年去问顾客他们想要什么，他们肯定会告诉我：一匹更快的马"，如果福特先生不去挖掘用户背后动机的话，可能就去研究马的配种问题了，而不会有福特汽车。

那么如何挖掘用户的潜在需求和动机？用户需求的产生带有很强的不确定性，受环境、情绪等各种因素影响，所以光考虑表面描述不行，而必须有代入感地去感受。可以通过以下公式进行场景分析：用户需求=谁（用户特征）+在什么情况下+想满足什么？

3. 需求归类整理

挖掘到用户的真实需求后会发现，多个看似不同的需求背后可能是同一个目的，这时就可以将几个需求归纳为同一个。具体可以通过以下维度进行需求归类整理。

（1）判断是否有价值：广度、频率、强度（如图 4-17 所示）

如果使用人数很多、频率很高、需求也很强烈，那当然是好需求。如果这三者都不沾边，可以判断为无价值需求，可过滤掉。

（2）投入产出比（ROI）：商业价值/用户价值、开发成本

要考虑需求的实现成本（人力、时间、资源、运营等因素）及收益（商业价值/用户价值），综合考虑是否将其纳入本阶段的需求库，还是放到下一阶段实现。

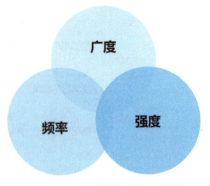

图 4-17 归类需求的三个维度

第 4 章 数据应用（上）——深度分析数据掌握业务

（3）马斯洛 & 七宗罪需求分析法

可以使用两个经典的需求层次理论进行用户需求的深层次分析：

1）马斯洛需求理论：生存需求、安全需求、社交需求、尊重需求、自我实现需求。

2）七宗罪：傲慢、嫉妒、暴怒、懒惰、贪婪、饕餮，以及欲望。

分别从需求的层级和人性的角度对需求进行深层次的把握。

（4）痛点、痒点、兴奋点分析法

可以将需求细分为痛点、痒点和兴奋点需求。痛点就是正在困扰用户的问题，或者用户急需解决的问题；痒点则并不是急需解决的问题，但是如果能解决掉，客户也会很高兴；兴奋点是能给用户带来"哇！"效果的惊喜感和刺激感。

（5）KANO 模型分析法

可以将 KANO 模型理解为痛点分析法的加强版。它以分析用户需求对用户满意度的影响为基础，体现了需求实现程度和用户满意度之间的非线性关系。KANO 模型将需求划分成如下五类，如图 4-18 所示。

1）基本（必备）型需求（Must-be Quality/ Basic Quality）

2）期望（意愿）型需求（One-dimensional Quality/ Performance Quality）

3）兴奋（魅力）型需求（Attractive Quality/ Excitement Quality）

4）无差异型需求（Indifferent Quality/Neutral Quality）

5）反向（逆向）型需求（Reverse Quality）

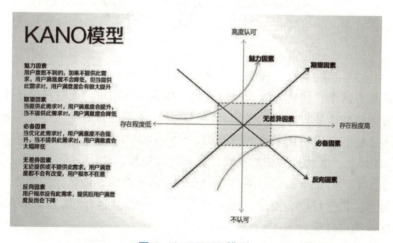

图 4-18　KANO 模型

4. 匹配产品定位、产品目标和资源情况等限定条件，做最后一轮筛选

用户体验要素一共有五个层次（见图 4-19）：战略层、范围层、结构层、框架层、表现层。这五层是产品设计从 0 到 1 的过程。这里涉及了战略层和范围层。

1）战略层：企业与用户对产品的期望和目标（做什么，为谁而做）。

2）范围层：功能及其内容需求集合（需要做哪些）。

产品定位应符合战略目标、目标用户和既定的功能范围。需求分析要为产品的核心服务，否则功能越做越多，系统庞大而冗余，反而导致用户流失。

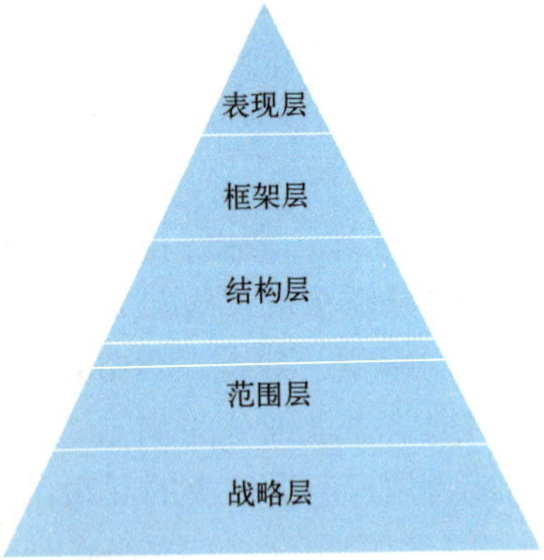

图 4-19 用户体验要素的五个层次

5. 定义优先级

在此之前需要判断产品所处的生命周期，因为不同产品生命周期（如图 4-20 所示）的侧重点是不一样的。

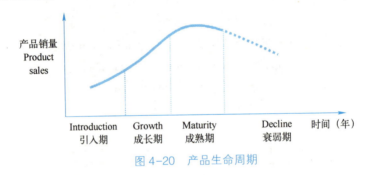

图 4-20 产品生命周期

1）引入期（0 到 1）：做最小可行产品（Minimum Viable Product，MVP），满足用户核心需求，快速上线，快速迭代。积累种子用户。此时产品不宜做得大而全，方便调整产品方向。如果是内容型产品，还需运营好社区基础调研，控制用户进入，比如知乎早期采用的邀请制。

2）成长期：继续打磨核心需求，完善功能短板，让产品朝着指定方向发展。这时候会加大运营投入，会有用户大量涌入，需求激增，团队压力很大，因此要控制好需求，把握好核心用户，把资源用在刀刃上。同时重点关注留存和活跃，提高黏性和使用时长。

3）成熟期：不断打磨产品，巩固产品壁垒，制造兴奋性需求，挖掘潜在用户，扩大用户规模。同时要开始考虑如何变现。

4）衰弱期：尽量延长产品生命周期，持续带给用户新鲜感，以期留住用户。同时扩充品类，孵化新产品。

总的来说，符合当前公司发展目标的优先级高，反之降低优先级，接着就可以结合重要紧急四象限，排出优先级（见图4-21），这里就需要具体情况具体分析了，没有统一评定标准。

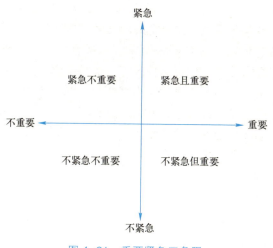

图4-21 重要紧急四象限

4.3.2 趋势预测

1. 销售预测

销售预测是指企业根据以往的销售情况，依托特定的销售预测模型，对未来销售情况进行预测，进而生成相应的销售计划。对于现代企业而言，销售预测是市场营销中一项极为关键的工作，直接影响到计划、预算、销售额等多方面的内容。在销售预测的过程中，需要对未来可能影响销售的各类因素进行综合性考虑，同时结合企业的销售业绩，并基于一定的方法确定切实可行的销售目标。考虑到市场环境的复杂性和多变性，在进行销售预测时一定要对各方面的影响因素进行全面考量。

总体上来看，影响销售预测的因素大体可以分为两大方面，分别是外界因素和内部因素。其中，外界因素包括四个方面。第一，需求动向。市场需求是销售预测中最需要关注的一项因素，它包含的内容十分广泛，如流行趋势、消费者爱好、生活形态等均会对产品或服务的需求产生影响。为了确保信息采集的全面性，企业需要进行深度的市场调研，从相关对象、机构方面获取所需的市场资料。第二，经济变动。经济变动对商品销售的影响十分显著，为此企业需要重点关注各类商品在市场中的实际供需情况。而在现今多变的市场环境之下，经济变动的频率越来越高，想要实现准确预测，企业应从源头入手，对资源进行重点关注，搜集了解政府、财经界对经济政策所做出的解析和说明，以及各行业基础工作的指标变动情况。第三，同业竞争动向。企业销售情况会受到同行业竞争者的影响，因此企业需要对竞争者的市场活动进行细致的了解，争取做到知己知彼，从而针对性地制订销售目标与计划。第四，政府及消费者团体的动向。要了解政府出台的各类经济政策与措施，同时把握消费者的实际需求。

外部因素主要有四项：一是营销策略，包括市场定位、产品政策、价格政策、渠道政策、广告投放等；二是销售政策，包括销售方法、交易条件、付款条件等；三是销售人员，一切销售活动最终都要落实到具体的人员上，因此人为因素对产品销售的影响是十分显著的；四是生产状况，主要是资源供应情况。

销售预测在企业经营中的作用主要体现在四个方面：首先是调动广大销售人员的工作积极性，提高产品销售效率，顺利完成使用价值向价值的转变；其次是以销定产，根据预测结果进行生产安排，避免出现产品生产过多无法销售出去而积压的情况；再次是为企业产品库存管理提供便利，根据销售预测设置产品库存预警，为生产进度安排提供指导；最后是为产品补货安排提供指导。

2. 爆款预测与打造

（1）爆款特点

爆款是指在商品销售中供不应求、销量很高的商品，即通常所说的卖得很多、人气很高的商品，广泛存在于网店、实物店铺。具体来说，爆款需要满足以下三个条件：一是在销量上至少突破一定量级，比如对于一般消费级硬件产品来说，10万台是一个不错的成绩；二是在多个不同类型的渠道上进行销售曝光，渠道覆盖率较高，涉及线上全网覆盖、线下门店覆盖以及头部主播直播间推广；三是在该行业引起竞争对手的重点关注，市场上出现模仿产品。

近些年来，市场上涌现出大量爆款，以电子产品为例，有小米移动电源、SKG颈部按摩仪、戴森吹风机以及Amrio化妆镜等。从中可以总结出爆款的一些共同特点，即拥有让买家认可的品质、具有潮流引领的功能、能满足消费者的个性化需求、有夺人眼球的设计以及具有较高的性价比这五个特点，如图4-22所示。

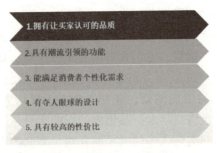

图4-22 爆款的五大特点

第 4 章　数据应用（上）——深度分析数据掌握业务

（2）爆款关键要素

爆款的计算公式背后是一连串的爆款因素，一共有四个方面、18 个关键点，如图 4-23 所示，这四个方面分别是用户、产品、渠道、供应链。

显性大众需求	潜在大众需求	大众审美	体验升级	颜值比	低毛利
利润空间	产品口碑	产品传播属性	技术替换	技术突破	专利布局
产品质量	大平台UV	完整渠道系统	爆发点	生产周期	产能

图 4-23　爆款的关键要素

（1）用户维度

1）显性大众需求：市场上已经有大量同类产品出现，且形成一定规模的产业，如杯子、手机等。

2）潜在大众需求：随着生活模式变化而逐渐凸显出来的需求，但是目前没有针对性的产品去解决，更多是采用之前类型的产品去解决，如办公健康、健身运动等。

3）大众审美：大众审美涉及外观风格、比例、材料、质感等。

4）体验升级：产品的体验涉及的方面比较多，主要是效率更高、质量更好、操作更方便。

（2）产品维度

1）颜值比：颜值正在慢慢被年轻消费者所重视，就如曾经年轻人为了对抗现代主义无聊乏味的风格，而开始了波普等极具个性色彩的设计风格。

2）低毛利：低毛利不代表低成本，低毛利是一种战略覆盖，是以极低的利润率、极大的出货量来维持企业运转。但是低毛利战略的采用有很多前置条件，比如良好的资金、流量、供应链控制等。

3）利润空间：利润空间指的是该行业正常的成本与售价比例，大多数行业一般维持在 3 倍左右。留出合理的利润空间可以帮助渠道进行有效拓展。

4）产品传播属性：第一是产品的使用环境是否在群体环境下；第二是产品本身是否具备被传播的独特卖点，或者区别于行业产品的外观特点。良好的传播属性可以帮助产品在市场传播的过程中事半功倍。

5）技术替换：技术替换是采用不同的技术满足同一个需求，该技术的使用可以带来全新的产品形态，区别于以往的产品使用方式，这相对于技术升级来说具有一定的颠覆效果。技术替换的同时也会带来技术的普及教育成本。

6) 技术突破：技术突破是在原有的技术上进行性能提升或者功耗降低，这也是现在手机行业每年升级的主要方向。技术突破相对于技术替换来说，在产品更新迭代中会长期存在，也是产品推陈出新的主要方向，关键性的技术突破甚至可以完全改变一个行业。

7) 专利布局：爆款产品想要在一段时间内持续爆发，专利的布局一定是少不了的。专利布局要做到全面，不仅仅是该产品已有方案的布局，还应该把能够想到的方案都进行保护性申请，防止其他品牌短时间内上市，造成市场受损。

8) 产品质量：产品质量是爆款产品的基石，无论性能、外观多么突出，质量问题一旦出现，市场就会有放大效应，能在短时间内毁掉产品。

(3) 渠道维度

1) 大平台 UV：大平台 UV 指的是单一平台能够落实到产品上的流量，虽然淘宝等平台流量巨大，但是产品 SKU 丰富，落实到产品上的流量有限。

2) 完整渠道系统：完整渠道系统指的是品牌商在线上或线下渠道进行了完整的渠道布局，拥有强大的分销或直销系统，并且对其有一套方法进行控制，防止其串货乱价。

3) 爆发点：爆发点经常无法预料，可能是搭上一个大的流量平台，也有可能是通过不断探索找到其产品的核心用户群。

(4) 供应链维度

1) 生产周期：生产周期指的是产品的补货周期，包含来料、产品上线、产品下线等一系列流程所用的时间，生产周期越短，产品的补货越及时，才可以有效应对市场需求；产品生产周期过长，很容易造成市场空缺，给其他品牌可乘之机。

2) 产能：产能指的是产品以月为时间单位的最大产品出货数量，产能爬坡指的是产品出货数量会随着时间的推移而增大，生产初期需要一定的时间来适应。产品装配越复杂，产能爬坡越慢。

以上 18 个因素构成了本文要介绍的爆款计算公式，笔者根据 10 款爆款产品推出四条爆款的元素组合方式，并对每一种爆款计算公式背后的核心以及该模式下的风险进行了一些访问和了解，下面一起来看一下。

(5) 爆款结构化

爆品公式一：显性大众需求+大众审美+低毛利+大平台 UV+产品质量+口碑+供应链能力。

代表爆款产品：小米移动电源、素士电动牙刷、网易严选蒸汽足浴盆。

模式核心：资金链。

模式风险：资金链+平台限制。

公式一的最大亮点在于单一大平台大量 UV 的导入，通过低价直接拉升产品销量。这种模式在米家早期所向披靡，也崛起了一大批新兴品牌，但是由于该模式的低毛利限制，导致品牌本身发展严重依赖融资，在大环境不利的条件下，一批没有背后资金实力的创业者纷纷倒下。

同时由于米家平台本身对业绩的要求，SKU 在 2018 年开始急速扩充，平台内部的自然流量开始分散，最大的流量入口变成了众筹板块，这也导致很多创业公司为争取该版块的流量出现了一些产品的决策性失误。

低毛利的核心是资金链的支持，这也直接为米家优化了生态链结构，引入了很多有工厂生产体系的公司，通过新品牌为工厂引入订单的模式，相较于自身资金链单薄的创业企业来说，还是可以维持运转的。但是采用低毛利的模式，生态链企业就会在很大程度上严重依赖平台，品牌自身想要开拓渠道，在利润方面得不到支持。

这也是该模式下的主要发展限制，但是米家平台生态链企业也不乏有远见者，在品牌早期产品规划上没有全部依赖小米渠道，而是积极拓展自身渠道。早期做出这种尝试的，在平台流量红利消失之前已经做好了渠道的铺设工作。

爆品公式二：显性大众需求+体验升级+颜值+利润空间+完整渠道系统+传播属性+口碑+专利布局+产品质量+供应链能力。

代表爆款产品：Lofree 原点机械键盘、AMIRO 化妆镜、SKG 颈部按摩仪、55°杯。

模式核心：产品体验 & 颜值。

模式风险：竞争对手抄袭。

公式二的最大亮点就是产品本身的体验升级和颜值升级，迎合了消费者消费升级的产品需求方向，从够用转变至好用，从凑合能看到颜值高。这本身也符合消费心理的变化趋势，只是在不同行业的发展进度不一样，总体来说，针对女性用户群，消费升级的模式变化会更加积极一些。该模式下也诞生了一大批以设计师为主体的创业公司，美开始走上舞台接受考验。

在价格透明、渠道透明的前提下，产品的竞争是该模式下最核心的竞争，"颜值比"一词开始得到重视，同时该模式下的爆款产品都具备较强的传播属性，有的适用于办公场景，出众的颜值自然吸引目光，还有的与用户的日常高频话题结合，产品的亮点都可以达到有效传播。好的体验和颜值带来的稍高价格是值得消费者去买单的，这也为产品增大了利润空间。卡蛙品牌曾测算过，颜值最多可以让产品的零售价增加 20%~30%，这部分利润也直接帮助品牌在渠道布局上占尽优势。但是由于产品本身的创造依赖颜值取胜，在产品的专利布局上就显得较为单一，这也是设计师创业缺乏技术研发的后果。

国内的外观专利对产品的保护是比较单薄的，该模式下产品的最大问题就是被竞争对手快速抄袭，然后快速抢先覆盖品牌想要拓展的渠道。如何能够让产品快速铺向市场，让产品曝光，是该模式的第二个核心。

爆品公式三：潜在大众需求+技术替换+专利布局+利润空间+传播属性+爆发点+口碑+产品质量+供应链能力。

代表爆款产品：喵喵机（口袋打印机）、乐范魔力贴。

模式核心：市场机遇、产品。

模式风险：需求判断失误。

公式三是针对潜在大众需求进行的产品预研发。潜在大众需求的判断和满足是很多企业弯道超车的法宝，比如现在的 VR 眼镜就是针对未来需求的产品预研发。判断好未来消费趋势后，提前的产品布局是每个企业都会考虑的问题。但是这类产品由于之前没有销售，销售渠道没有竞品数据对比，品牌在渠道的拓展上初期会比较费力，这就需要品牌商不断地在市场上寻找爆发点，可能是某一次头部直播，也可能是某一次品牌的合作，通过一次较为亮眼的市场成绩去逐步覆盖渠道，众测这类渠道就是为这种创新性的预研发产品而搭建的。

当然，更多的产品是埋没在时间成本中。苦苦追寻不到合适的爆发点会严重影响创业公司的营收情况，最终可能导致破产。如果有幸遇上合适的爆发点，产品以超前的布局获得市场的绝对领先地位也不是不可能，比如乐范的魔力贴产品搭上米家平台，喵喵机搭上教育渠道。

爆品公式四：显性大众需求+体验升级+利润空间+技术升级+颜值+专利布局+传播属性+渠道系统+口碑+产品质量+供应链能力。

代表爆款产品：戴森吹风机。

模式核心：技术研发与转化。

模式风险：市场小于预期。

公式四以技术升级和突破为核心。相对于技术替换，对一项技术的关键性突破难度会更大，需要持续的研发投入，而高昂的研发投入转化为成品之后，必然在一段时间内造成产品成本过高。

技术突破一般出现在以研发为核心的企业文化中，在国内以华为和大疆为代表，以技术占领市场。很明显这类产品在性能等方面几乎没有竞争对手，但是核心问题出在市场容量上。技术转化为产品的过程是这类产品打造的关键点，以戴森为例，超级数码马达之前的产品转化是吸尘器、风扇等家用产品，品牌一直非常小众，直到其吹风机产品选择从女性爱美这个需求入手，借助用户自带的传播属性，戴森品牌在国内迅速扩大知名度。

一款产品成为爆款必然是多种因素共同催生的结果，对企业而言意味着集中资源干成一件事情，像做化学实验一样。具备了以上因素也只是提高了产品成为爆款的概率，总结爆款公式是为了找到更清晰的爆款打造路径。各个公司都有自己适合走的路线，根据自己的优势选择打造路线，查漏补缺，将会事半功倍。

4.4 用户路径图的应用

4.4.1 绘制用户路径图

1. 什么是用户路径图

用户路径图用来描述用户达成自己目标的过程，并使用可视化的表格进行展示，从用户的角度考虑影响购买商品或服务的关键节点，以帮助市场和销售取得更好的业绩。

好的用户路径图能够帮助企业了解用户情绪，提高用户的满意度、降低用户的流失率、改进购买流程以及更好地维护用户。在各种购买渠道和购买环节当中，有超过一半的用户需要和企业进行沟通交流。如果企业建立用户路径图来提升转化率可以降低20%的运营成本（通过改进购买环节中影响交易的节点）。

用户路径图中可以体现全部的环节，也可以只挑选其中的一部分。举个例子：可以是某个人（或者潜在用户）开始接触到某品牌，进而继续了解并完成购买这样的一条路径，也可以只展示购买后的路径，通过对关键节点的分析可以最大化地促进新手用户成交。所有路径图都将包含多个接触点（或阶段），以显示潜在用户或者用户与公司和产品之间的互动方式。某购物平台的用户路径图如图4-24所示。

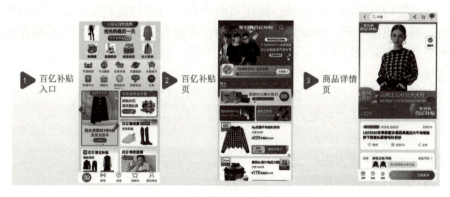

图4-24 购物平台用户路径分析

图 4-24 购物平台用户路径分析（续）

总的来说，标准的用户路径图由以下三个部分组成（见图 4-25）。

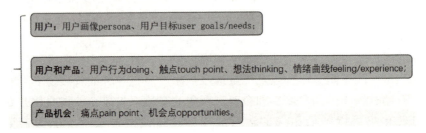

图 4-25 标准的用户路径图

2. 用户路径图的类型

（1）当前状态

当前状态下的用户路径图一般用来了解当下的用户如何与企业进行交互。通常路径图有助于将用户体验流程可视化，大部分不满意的用户会悄然离开，小部分则会投诉企业没有负起相应的监管责任。例如糟糕的客服容易造成投诉，降低复购率而降低销售额。使用当前状态下的用户路径图可以发现目前存在的问题。想象一下，你打算去超市购物，在出发前你会根据冰箱和橱柜里现有的物品整理一份已有商品清单，当前状态用户路径图的作用和这个当前已有商品清单类似。

构建当前状态用户路径图之前，你需要确定以下问题。

1）潜在用户从哪里来？
2）他们在哪里与产品或服务接触？
3）他们如何成为用户？
4）他们如何开始使用你的产品或服务？

（2）未来状态

如果当前状态用户路径图相当于厨房里现有食材清单的话，那么未来状态用户路径图就像购物清单。这种类型的图重点不是潜在用户或者现有用户现在怎么与产品进行交互，而是展示你所希望的理想路径。研究表明，截至 2018 年 5 月只有 26% 的公司绘制了未来状态下的用户路径图。

这类路径图对销售流程和用户引导都很有帮助。在销售中，未来状态下的用户路径图可以用来制作营销材料、改进文案，确定用户何时进行购买决策；在引导用户方面，这类图可以帮助新手完成操作和提升留存率。构建未来状态用户路径图之前，需要确定以下几点。

1）确定用户的路径起点。如果要做一个销售过程的未来状态下的用户路径图，可以把个人成为潜在用户作为路径的起点。如果是为了引导用户和提升留存率，就应该把开始购买或者试用注册作为路径起点。

2）确定路径的终点。销售流程的路径终点可能是试用或者购买。对于用户引导，能够完成核心操作就算达到目标了。

3）规划信息。为了使未来状态下的用户路径图能够起作用，必须预先规划交互和接触点，需要创建资源、设置漏斗，以及培训客服团队。

（3）日常生活

日常生活的用户路径图通常用作销售流程的一部分，以更好地了解顾客角色模型，了解目标用户的人口统计数据和购买产品时所做的相关活动。此类路径图也可用于售后提升用户满意度和留存率。

从本质上来说，应该关注潜在用户或者用户日常生活中都做些什么。对于潜在用户，应该关注他们的痛点，并思考自己的产品解决的问题以及这些痛点是如何影响这些潜在用户的。对于售后，需要更多地关注产品是如何在用户的日常生活中被使用的。

构建日常生活用户路径图之前，需要确定以下几点。

1）目标。对于 B2B 产品，目标可能是用户的业绩指标，B2C 产品则可能是潜在用户想要达成的愿望（如减肥、度假）。

2）痛点。痛点就是生活中那些阻碍潜在用户或者现有用户达成目标的难点，举个例子：一个专业的 HR 总是纠结于人力资源系统的求职人员注册率很低，他们需要筛检出更多的合适人才来完成业绩。

3）特殊时刻。一些特殊时刻会提醒你某些行为将会发生。对于销售而言，这可能意味着营销对象的改变，特殊时期进行特定的营销活动。

3. 制作用户路径图的关键因素（如图 4-26 和图 4-27 所示）

（1）用户角色模型

了解谁是你的目标用户十分重要。对于非目标人群，销售策略再好、用户留存手段再丰富业绩也不会太好，以目标用户角度制作路径图十分关键。

因素		具体描述
1.目标		用户的需求、期望、痛点
2.行为		用户进入下一步需要做的事情
3.接触点	承载媒介	用户完成具体目标时所承载的媒介或进行下一步之前需要回答的问题
4.想法	惊喜	改善体验的积极、愉快的事情
	问题	挫折、破坏体验的烦恼
5.情绪曲线		以接触点为基准节点,描述用户在整个体验过程中的情感变化
6.痛点与机会点		设计可以在新产品中实现的增强功能,以解决所发现的任何问题

图 4-26　制作用户路径图的关键因素

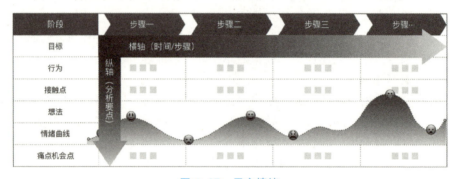

图 4-27　用户情绪

（2）时间轴线

每个地图的时间轴线都可能不同。如果路径图展示的是整个销售过程和售后服务的话，时间轴线可能会长达一年；如果只是一个简单的入职流程，时间轴线可能只是几周。

（3）接触点

潜在用户或者现有用户直接与品牌进行交互的点，可能是从产品网站下载资源、回复电子邮件、参加网络研讨会或者用户进行的任何其他交互。

（4）设备

设备是允许进行交互操作的。例如，发送包含网络问卷邀请的电子邮件，潜在用户通过点击按钮进入相应的登录页面进行注册，这里的邮件和登录页面就相当于一个设备了。

（5）情绪

应该充分了解用户使用过程中的难点，作为潜在用户可能就需要在这一点上得到帮助。

4. 制作用户路径图的步骤

（1）了解路径的起点

许多企业都是将与用户沟通的方式和渠道作为着手点，而不是去了解用户路径是从哪里开始的。如果不能完全理解用户路径的开端往往会导致转化率和满意度降低，这时只需记录下来并尝试了解用户是如何、从何处开始使用你的产品或者服务的，就可以显著改善用户的满意度。

如果是整个销售流程的用户路径图，则需要了解潜在用户是如何找到品牌的（从营销广告、自然搜索甚至是地推广告）。对于用户引导，可以从使用注册或者购买开始，找准起点有助于后续细分路径和安排合适的内容。

（2）了解路径的终点

终点可能是不同的期望结果，如果说目标是提升销售额，则需要了解如何将潜在用户转化为购买用户，并确定关键指标（KPI）以监控结果。如果目标是降低用户流失率，那么问题可能在于发现潜在用户关心的价值点或者需要改进新手引导流程。

（3）收集所需要的观点

访谈是一项获取用户观点的重要方法。从当前用户和以前的用户那里了解有价值的反馈，对于了解用户在购买公司产品和服务时的想法很重要。在用户访谈时需要注意以下几点。

1）提出开放性问题。
2）询问购买的后续问题。
3）记录沟通内容并且整理打印。
4）多做几组同样问题的沟通。
5）比较相同语言的记录结果。
6）获得所需数据后，即可开始确定接触点和通信方式。

（4）创建粗略的草稿

从头到尾了解情况后，从用户的角度审视整个路径，就可以创建草稿了。这个草稿是用户路径图的第一个可视化版本，需要业务人员在其预计时间轴线上罗列出用户的所有接触点、用户角色模型、用户情绪和使用的设备。

完成草图后，可以创建完整的视觉展示效果，也可以验证草图的精准度和有效性。审视当前状态下的用户路径图时，可能会发现通过改善现有环节的某个节点可以提升用户体验。

最重要的是，不要只是创建用户路径图，而是要用它与企业内所有相关利益者和有关部门进行反复沟通，然后利用任何有可能影响用户路径图的力量来改善现有体验和达成业务目标。

案例：途家用户体验路径图。

本例中，用户期望顺利完成符合要求的房间预订，不同用户侧重点不同，如图 4-28 所示。

图 4-28　途家用户体验地图

（1）提炼用户行为

用户行为是用户使用产品时采取的行为、操作，通常是根据用户调研、用户追踪的资料进行收集、整理。用户行为讲述的是每一个阶段用户的执行细节，如图 4-29 所示。

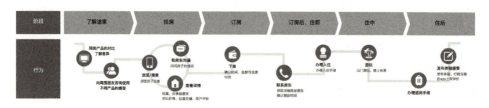

图 4-29　提炼用户行为

（2）用户想法和情绪曲线（如图 4-30 所示）

1）根据对应阶段的用户行为，写下当时用户的思考和想法，可以将它们以便利贴的形式整理出来。

2）提炼用户每个节点的情绪。提炼情绪时，为了防止个人主观判断导致的误差，建议两个人一组用相同的数据进行提炼。

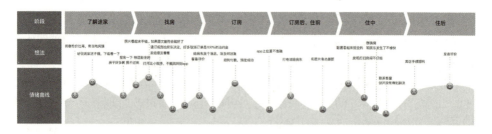

图 4-30　用户想法和情绪曲线

（3）归纳痛点和机会点

通过用户每个阶段的行为和情绪曲线，整理出每个阶段的痛点和问题，并思考痛点背后的原因、此处是否可以采取改进措施，从而满足用户目标，提升用户体验，这就是机会点，如图 4-31 所示。

图 4-31 归纳痛点和机会点

（4）后续工作

后续的工作首先是对体验路径图进行整理和美化产出，然后汇总出图中的机会点，根据重要程度和难易程度来排出优先级来安排执行，优化用户体验路径图中的痛点，帮助用户实现目标，或者确立新的产品功能方向，如图 4-32 所示。

图 4-32 后续工作

4.4.2 通过用户路径图掌握业务全貌

首先，基于用户路径图可以真正考虑用户需要什么，避免从产品设计者和决策者的管理员视角去思考。其次，用户路径图有助于梳理场景中可能存在的问题，精准地找到用户的痛点，对产品优化更加有的放矢，从而提升用户体验。最后，用户路径图能够帮助公司创建一个共同视角，团队中各环节的同事都能参与进来，对用户行为、痛点等内容达成一致，认同感强，利于各个环节的工作，对产品的用户体验达成共识、有效沟通和协作。

进行用户行为路径分析时,所依赖的数据主要源于日常业务中的统计和收集,另外,用户在产品使用过程中的每一步都可以被记录下来,这时候就要做好数据埋点,它与企业所关心的业务息息相关。如果数据埋点没做好,数据就不全面,将导致数据分析过程比较困难。通过科学的用户路径分析可以实现以下两点效果。

(1) 可视化用户流向,对海量用户的行为习惯形成宏观了解

通过用户路径分析,可以将一个事件的上下游进行可视化展示,业务人员可以查看用户当前节点事件的相关信息,包括事件名、分组属性值、后续事件统计、流失、后续事件列表等,从而帮助业务人员全面了解用户整体行为路径分布,找到不同行为间的关系,挖掘规律并突破业务瓶颈。

(2) 定位影响转化的主次因素,使产品的优化与改进有的放矢

路径分析对产品的优化与改进有着很大的帮助,可以日常监测用户的行为路径,根据用户路径中各个环节的转化率,及时发现用户的核心关注点及干扰项,引导用户持续挖掘产品及服务的价值。

基于用户行为路径数据的重要分析模型如图 4-33 所示。

图 4-33 重要分析模型

这三种常见的分析方法(转化漏斗、智能路径、用户路径)与用户行为的关系是:转化漏斗是预先设定好的路径;智能路径是设定了目标行为之后发现更多漏斗;用户路径是完整再现整个用户转化过程。在实际应用中,三者有各自适用的分析场景,通常也需要互相结合,相辅相成,如图 4-34 所示。

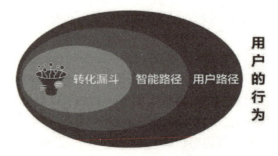

图 4-34 三种分析方法的关系

(1) 分析模型之转化漏斗

作用：提升转化效果。

概念：转化漏斗是路径分析中的一种特殊情况，是针对特定模块与事件节点的路径分析。它适用于对产品运营中的关键环节进行分析、监控，找到其中薄弱的环节，通过用户引导或者产品迭代来进行优化，提升转化效果。

特点：无论是新用户引导、某个业务流程还是某一次运营活动，涉及流程转化的都可以使用漏斗来分析。

某网站的会员注册转化漏斗如图 4-35 所示。

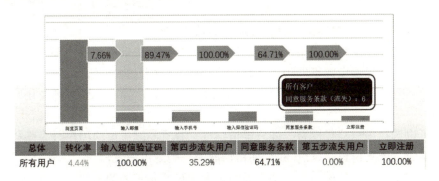

图 4-35　转化漏斗

(2) 分析模型之智能路径

作用：探索更多的转化路径。

背景：很多情况下，虽然有最终的转化目标，但是用户到达该目标却有多条路径，无法确定哪条路径是用户走得最多的，哪条转化路径最短，这时就采用智能路径模型来进行分析。首先确定想要观察的目标行为（通常是业务中需要引导用户完成的某个功能或到达的某个页面）；然后将其设置为起始事件，分析发生该行为的后续路径，或者设置为结束事件，分析该行为的前置路径。

(3) 分析模型之用户路径

特点：用户路径不需要预先设置漏斗或者圈定要分析哪个页面事件或点击事件，而是分析得出用户使用产品时的每个第一步动作，然后依次计算每一步的流向和转化。

通过数据可真实地再现用户从开始使用产品到结束的整个过程，进一步识别用户频繁路径模式，即哪条路径是用户最多访问的；识别走到哪一步时，用户最容易流失，找到分析用户行为最基础、最原始的数据；也可以通过路径识别用户行为特征，分析用户是用完即走的目标导向型还是无目的浏览型。

(4) 基于不同场景的分析模型选择

转化漏斗、智能路径、用户路径都是基于用户行为路径数据的重要分析模型,它们有着不同的功能和用处,掌握了这三个分析方法,可以精确获得用户行为路径数据,从而针对性地做出营销策略调整,让运营转化成倍增长。在选择分析模型时,需要考虑如下问题。

1) 用户从进入产品到离开都发生了什么?主要遵循什么样的行为模式?

可以选用用户路径模型,观察用户的整体行为路径,通过用户频繁路径发现其行为模式。

2) 用户是否按照产品设计引导的路径在行进?哪些步骤上发生了流失?

可以选用转化漏斗模型,将各项引导设置为漏斗的各个步骤,分析其转化和流失。

3) 用户离开预想的路径后,实际走向是什么?

可以选择转化漏斗模型,查看经过流失环节的用户后续的行为路径,或者在智能路径中选择预设的事件为目标事件,分析其后续行为路径。

4) 不同渠道带来的用户、不同特征的用户行为差异在哪里?哪类用户更有价值?

可以选用用户路径模型,细分渠道维度,查看不同维度的用户行为路径。

案例:未支付订单超过 30 分钟自动取消,刺激用户支付。

通过用户路径分析得出,某电商网站客户有两条主要的路径。

1) 启动-搜索商品-提交订单-支付订单。

2) 启动-未支付订单-搜索相似商品-取消订单。

第一条用户路径显示,用户提交订单后,大约 75% 的用户会支付,而高达 25% 的用户没有支付;第二条用户路径显然是一条有明确目的——为未最终敲定的商品而来的用户,因为在打开 app 后直奔"未支付订单",但是路径中显示此用户再次执行"搜索相似商品",从这一行为可以判断出用户可能存在比价行为,表明价格一定程度上影响了这部分用户的支付欲望,这是一批"价格导向"的客户。对此,该电商运营人员采取针对性措施。

1) 未支付订单超过 30 分钟则自动取消。

2) 在支付页面附近放置优惠券。

当该电商平台新版本上线后,再次通过用户路径分析模型发现,用户在提交订单后,由于 30 分钟的时间限制,更愿意立即支付订单;同时未支付订单大大降低,说明在支付页面附近放置优惠券的方式刺激到了对价格敏感的用户。

第 5 章
数据应用（下）——快速提升业绩的有效手段

第 4 章介绍了数据应用的上半部分，即如何利用数据分析深度理解业务，本章重点介绍数据应用的下半部分——利用数据提升业绩，主要包括提升用户量、提升运营效果、产品规划以及生产周期控制等内容。

5.1 提升用户量的有效方法

5.1.1 用户流失的主要原因

由于企业各种营销手段的实施而导致用户和企业中止合作的现象就是用户流失。在互联网行业，流失用户是指那些曾经访问过网站或注册过网站，但由于对网站渐渐失去兴趣而逐渐远离网站，进而彻底脱离网站的那批用户。当然，一个网站一定会存在流失用户，这是网站用户新老交替中不可避免的，但流失用户的比例和变化趋势能够说明网站保留用户的能力及发展趋势。用户流失的原因有很多，总结起来可能有以下三点。

1）产品的功能有问题，或者这个产品根本就满足不了用户的需求，或者本身是一个伪需求。这时可能需要改进产品，去做很多迭代尝试。

2）引导来的用户和产品的目标用户不是一类人，这是入口端的问题，因此需要在流量入口端做到精准拓新。

3）还有一种很常见，而且非常令人惋惜的原因是，产品是一个好产品，用户也需要这样一个产品，但是因为没有做好新用户的引导而导致他们没有发现产品的价值就流失掉了，这个时候需要的解决方案就是新用户的激活。

用户流失的主要原因如图 5-1 所示。

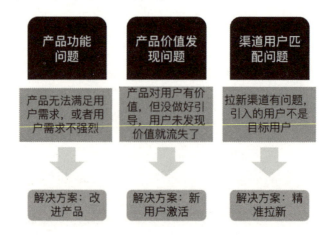

图 5-1　用户流失的主要原因

5.1.2　应用漏斗模型提升用户量

现代营销观念认为："营销管理重在过程，控制了过程就控制了结果。"漏斗分析模型是企业实现精细化运营、进行用户行为分析的重要数据分析模型，其精细化程度影响着营销管理的成败，以及用户行为分析的精准度。

漏斗分析是一套流程式数据分析方法，它能够科学反映用户行为状态以及从起点到终点各阶段的用户转化率情况。下面通过三种不同类型的漏斗模型去判断用户流失的环节以及如何提升用户量。

1. 模型一：AIDMA 模型

AIDMA 即 Attention-注意力，Interest-兴趣，Desire-勾起欲望，Memory-记忆和 Action-行动。

AIDMA 是消费行为学中非常经典的理论，它表达了消费者接收信息的过程，即先注意到商品信息（Attention），然后产生兴趣（Interest），之后产生购买欲望（Desire），再回忆起商品品牌的相关信息，或者作为全新用户，在脑海中留下记忆（Memory），最后进行购买（Action）。AIDMA 要求按流程进行，五个步骤不可跳跃，一定是从注意到兴趣，从兴趣到欲望，从欲望到记忆最后到购买，这意味着商家必须反反复复地从第一个 A，即 Attention 开始触达客户。

举个例子来说明，假设某商场一天有十万人的基础商业流量，派传单引起注意，触达 10000 个人，转化 10% 获得关注（Attention），看到有人排队引发兴趣的有 30%，即 3000 个人产生兴趣（Interest），派发试用品引起购买欲望转化

40%，即 1200 人被勾起欲望（Desire），进到店里看到装修和环境，被 50%，即 600 人记住（Memory），最后因为前面几步做得确实不错，80%，即 480 人买了这款产品（Action），这个就是最完整的漏斗模型，如图 5-2 所示。

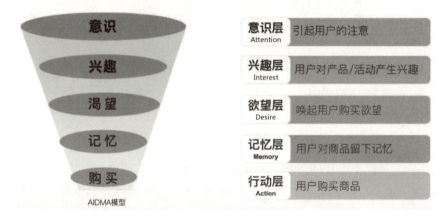

图 5-2　AIDMA 模型

2. 模型二：AISAS 模型

在数字化时代，整个互联网商业的基础就是流量，所有的运营工作，包括认识、认可、认知等，都是围绕流量的引进、转化、变现来进行的。而互联网的注意力和流量都是分散的，你可以在微博上看大 V 发表观点，然后去抖音看小姐姐跳舞，最后去淘宝购物，所以，在 AIDMA 的基础上，衍生出很多基于互联网行为模式的运营模型，比如 AISAS 模型，如图 5-3 所示。

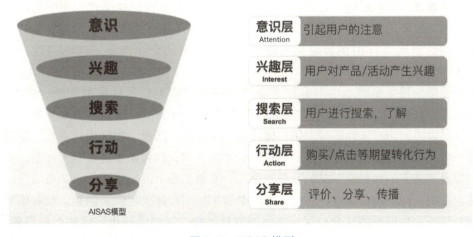

图 5-3　AISAS 模型

Attention-注意，Interest-兴趣，前面这两项跟 AIDMA 的观点是一样的，虽然可能展现的位置不太一样。第三个是 Search-搜索：一个用户对某个类型的商品感兴趣了，那么他下一步会做什么？大概率是到百度或者淘宝搜索（Search），然后经过确认加入购物车，即行动（Action）。收到货之后，他发现产品确实很好，赶紧在朋友圈分享一下（Share）。这就是互联网流量下的 AISAS 模型，如图 5-4 所示。

图 5-4　互联网流量下的 AISAS

在 AISAS 模型的各个层面，都有其重点以及需要注意的内容，比如**意识层**的重点是吸引用户注意力/引发兴趣，调动用户的情绪。在设计角度上，赏心悦目的视觉呈现最基础也最易达到吸引用户的目的，相对于文字而言，图形化更具有感染力，易理解，易产生共鸣。例如以下策略。

1）从众心理角度：饥饿营销、排队营销，营造热闹的氛围感。

2）抓住用户"厌恶损失"的心理：增加紧迫感或替用户思考可能存在的隐患。

3）利益相关心理：增加与用户自身利益关联密切的信息等。

兴趣层的目标是用户对产品/活动产生兴趣，故选择何种形式作为引起用户兴趣的方式，需要根据不同类型的产品、不同的目标用户群体，以及需要传达的信息与价值观进行斟酌。需要遵循一条原则：对比产生与众不同的兴趣，如图 5-5 和图 5-6 所示。

在搜索层主要解决用户为什么要做（搜索、购买）这件事的问题。首先，需要考虑产品信息布局/陈列的清晰、合理性是否符合用户预期。如果有条件的话，可以进行用户定性访谈、用户体验路径图分析。其次，把握用户心理，促进用户转化：第一，通过任务激励，可以是实质性的，如参团打折、新人优惠，也可以是情感上的，如徽章成长系统；第二，要做到安全可信，即与用户建立信任感，需要向用户传递信息可靠性，如产品背书、用户评价、保护隐私、服务保障等；第三，可以利用从众心理，如借助数量优势、好评等向用户传递产品口碑。最后，可预期的结果也可以提升搜索这一环节的转化率，即向用户展示将获得什么，给予其清晰的目标。

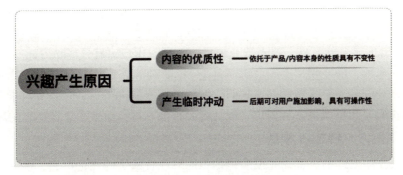

图 5-5　兴趣产生的原因

四个因素的权重从左至右依次降低：人们首先关心与自己联系最紧密的利益。

展示信息时，需直观传达能够推动用户持续购买的信息，依托产品找出最打动人心的点。

图 5-6　兴趣层影响因素

行动层的目标是购买/点击等期望的转化行为，这一层面的转化流程引导三要点为：操作前可预知、操作中有反馈、操作后可返回。

1）操作前可预知，即信息清晰、指示明确、状态可见。

① 商品信息清晰：遵循用户习惯，使用容易理解的表达方式，避免过度创新、造成不必要的学习成本。

② 指示明确，告诉用户这个功能可以做什么。

③ 状态可见，明确操作后会达到的状态，减少试错成本。

2）操作中有反馈，反馈的形式基本上可以分为视觉、听觉、触觉三大类。

① 视觉反馈形式又可细分为动效反馈、弹窗反馈。

② 操作流程中的反馈是流程中的最重要一步，应及时响应用户的操作。在信息的传递过程中，会有不同的结果，以及各种展示的方式，应用最清楚的方法答复用户。

3）操作后可返回，这里的返回指返回、关闭、完成三种路径。

① 这三种路径都属于"可返回"的概念，有时指向的路径是不同的，有时无区别。

② 返回到何处：在一个很长的操作流程中，用户点击返回按钮的时候，系统无法判断是结束流程还是返回到上一页面，这就需要返回、关闭同时存在，让用户自主选择。

分享层的期望动作为评价、分享、传播。用户完成了产品任务相关的操作，商家还希望用户能够分享一下，利用其私域流量为产品带来持续增长。激发用户的分享意愿，即在用户情绪最高点提供持续愉悦体验。例如，很多英语单词学习app都推出了成果分享页，加入赏心悦目的插画，用户更有分享动力。

总的来说，漏斗模型中的意识（注意）、兴趣、搜索层都是在激发用户的意愿，而行动和分享层是用恰到好处的提醒帮助用户做决策。结合业务需求和用户体验，我们要做得就是，在用户犹豫的时候推他一把，给他一个选择你的理由。

3. 模型三：AARRR 模型

上面介绍的几个流量漏斗模型都是不同时代背景下的理论产物，事实上，如果现在开一个线下实体门店，应用最多的还是 AIDMA。但在互联网时代，最重要的是流量，所以也就导致了现在流量的价格变得越来越高，那怎样才能让流量转化变得更有价值呢？这就要说到 AARRR 流量转化模型，也叫流量漏斗，如图 5-7 所示。

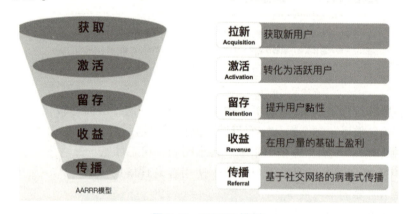

图 5-7　AARRR 模型

AARRR 漏斗模型上宽下窄。这个类比成互联网产品其实也很好理解，就是漏斗越上面的环节中，用户基数看起来很大，但随着漏斗往下走，存下来的用户会越来越少，但相应地，用户价值会更高。因为这些用户做出了更高级的举动，或者说进入了更深层次的阶段，这些阶段的要求是更高的，那么用户的价值就会进一步提升。

以一个电商店铺来举例。该店铺通过淘宝的付费推广等方式，引入了1000个用户。这个动作就是获取用户，这个行为处在漏斗模型的最顶端，可以假设这个时候的转化率为100%。但是这个时候的用户价值是零，甚至可能是负的，因为流量通常是需要付费的。

接下来，用户浏览了一些商品，下一步动作可能是觉得不合适离开店铺，或者是对商品比较感兴趣，开始联系客服或者加入购物车。当发生第二个动作时，这就是一个有效的活跃动作（Activation），触发了漏斗模型的第二个环节。假设这时只剩下了 600 个用户，那么转化率就是 60%。

这个阶段之后，用户的行为开始进入暂停状态，已经产生购买动作的用户买完就走了，加入购物车的用户继续去看别的商品，可能过两天就忘记了。这时候就遇到了一个转化瓶颈，商家通常会采用某种方式唤起用户的记忆，比如提示降价或在旺旺上留言，这一步骤就是留存（Retention），在互联网上也叫"用户召回"。假设有 100 个用户被召回，发生了 2000 元的消费，这时人均价值就变成了 20 元。

这些被召回的用户又通过商家的努力（比如满减或搭配套餐等方式）有 3% 的人各自购买了 100 元的东西，这个部分就是收益（Revenue）。

最后还有最重要的一环：传播（Referral）。比如某淘宝店铺有一种饼干，用户觉得非常好吃，想起自己的好友也很喜欢吃饼干，于是用户就把这个链接推荐给了他的朋友，朋友也购买了两盒。原有用户的朋友不在原来 1000 人的初始用户当中，他是由已有用户带来的，所以这个价值贡献要算到已有用户身上。假设 1000 人里有 10 个人，也就是 1% 的人做了推荐动作，对他们推荐来的用户不需要付出更多的成本，而且他本身对商家是信任的，所以购买决策的速度就会很快，这个价值就完全超过原来通过一层层转化得来的用户了。如图 5-8 所示，原用户的价值上升到了 200 元。

阶段	用户行为	用户量	转化率	用户价值
获取用户 Acquisition	点击广告进入	1000	100%	¥0
激活 Activation	购物车/咨询	600	60%	¥1
留存 Retention	召回	100	10%	¥20
收入 Revenue	购买	50	3%	¥100
传播 Referral	推荐	10	1%	¥200

图 5-8　用户价值

5.1.3　提高用户量的有效方法——Aha 时刻

如果通过漏斗模型分析出用户流失的原因主要是产品价值发现的问题，那么解决方案就是要去做新用户的激活。新用户激活最重要的事情是明确目标，即希望用户到达一个什么样的状态。理想的状态是让用户拥有一个"Aha 时刻"，简单来说就是用户第一次体会到产品价值时，一拍脑袋"啊哈"一声感到惊喜的时刻。

1. 什么是 Aha 时刻

Aha 时刻（多译为"顿悟时刻"）这个词是由德国心理学家及现象学家卡尔·布勒在 100 多年前首创的。他对这个定义是"思考过程中一种特殊的、愉悦的体验,其间会突然对之前不明朗的某个局面产生深入的认识"。产品设计中的 Aha 时刻是指新用户在体验产品初期发现产品价值的时刻,一旦新用户找到了产品的 Aha 时刻,那么就更有可能留存下来。例如全民 K 歌,它的 Aha 时刻是首次唱歌后听到声音处理后的优质效果时,其他 Aha 时刻经典案例见表 5-1。

表 5-1 Aha 时刻经典案例

店 铺	Aha 时刻	对应策略
某火锅店	大量免费的新鲜水果和小菜	主动给客户提供并放置在显眼位置
某咖啡厅	在店内拍出精致优美的照片	布置拍摄角,店员免费提供拍照服务
某服装品牌	充满设计感的精致包装	包装有品牌特色,并赠送精美品牌小物件
某街头 KTV	绑定微信自动上传音频	提醒用户唱完的歌会自动保存到什么位置

2. 如何找 Aha 时刻

怎么去寻找 Aha 时刻呢?最底层的一个思路就是所谓的以终为始:去寻找那些长期留存下来的用户,他们既然已经长期留存,那他们应该是从产品中获得了长期的价值,然后我们去倒推看看这些用户早期有一些什么样的关键行为,存在什么共性。

具体怎么从数据中计算 Aha 时刻呢?最理想的定量方法就是去看新用户的留存曲线,比如去看新用户前 30 天的留存曲线,然后用这个用户的行为去做一个分群,去对比做了不同行为的人留存状况有什么不同。这里给大家的例子是唱歌软件:把新用户前 30 天的留存曲线画出来,再去比对第一天唱过歌和没有唱过歌的用户,看看这两个分群前 30 天的留存曲线有什么区别;从上述对比中应该可以看到,两条留存曲线区别很大,唱过歌的留存就比较好,没唱过歌的留存就比较差,这就说明是否唱过歌和留存概率有相关性。找到一些备选行为的时候,还要通过 AB 测试的方式去验证因果性。

3. 如何应用 Aha 时刻

第一步,新手引导。针对新用户,引导其快速完成 Aha 时刻的指定行为目标,以此提升用户留存率。

第二步,运营活动。在策划各种运营活动时,有意识地添加某些引导,让用户完成指定行为,提升新老用户留存率。

第三步,付费转化。在新产品推出或旧产品优化时,优秀的 Aha 时刻运用可以大量减少用户决策成本,让产品快速完成转化,并提高转介绍率,从而全方位地增加销售转化率。

5.2　提升运营效果的有效方法——提升 ARPU

客户价值是指客户在与企业接触的整个生命周期中，产生的当前与未来的利润现值总和。对于互联网企业来说，客户价值在一定程度上可转化为企业的现实价值，即企业是通过营销活动获取客户及其价值的，从而把客户价值转化为企业的利润和现金流，通过这种客户购买企业产品或服务的形式不断补充企业现金流，如图 5-9 所示。

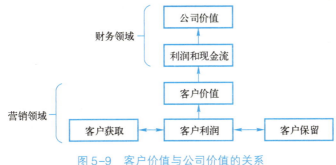

图 5-9　客户价值与公司价值的关系

要提升客户价值，落实到操作层面，可以有以下四种具体策略。

5.2.1　通过数据分析调整价格

1. 消费者的价格敏感度

（1）价格敏感度的特征

价格敏感度可表示为顾客需求弹性函数，即由于价格变动引起的产品需求量的变化。其中需要注意的是，消费者要的不是便宜，而是"占便宜"，即寻求优惠，所以有时只需要将敏感度高的商品调低价格做促销，消费者就会感觉"很便宜"了。

（2）影响价格敏感度的因素

1）产品因素。产品是消费者与企业发生交易的载体，只有当消费者认为产品物有所值时，产品的销售才有可能得以实现。产品的自身特性影响消费者对价格的感知，名牌、高质量和独特的产品往往具有很强的价格竞争优势。

① 替代品的多少。替代品越多，消费者的价格敏感度越高，替代品越少，消费者的价格敏感度越低。替代品是指能够满足消费者同样需要的产品，包括不

同类产品、不同品牌的产品和同一品牌不同价位的产品。手机、电脑、VCD 的价格大战就是因为替代品过多的缘故。

② 产品的重要程度。产品越重要,消费者的价格敏感度越低。当产品是必需品时,消费者对这种产品的价格不敏感。某些产品的零部件非常贵就是利用了这个原理。

③ 产品的独特性。产品越独特,消费者的价格敏感度越低,产品越大众化,消费者的价格敏感度越高。独特性可以带来溢价,新产品往往具有独特性,所以厂商在推出新产品时,往往会定一个很高的价格,当类似产品出现时,再开始降价。在 IT 行业和医药行业,这种行为经常发生。

④ 产品本身的用途多少。产品用途越广,消费者的价格敏感度越高,用途越专一,消费者的价格敏感度越低。用途广代表可以满足消费者的多种需求,因此,价格变动更易引起需求量的变化。

⑤ 产品的转换成本。转换成本高,消费者的价格敏感度低,转换成本低,消费者的价格敏感度高,因为转换成本低时,消费者可以有更多的产品选择。移动、联通的多数用户不愿意转网,就是因为手机号码已经成为一种私人财产,变换号码可能会使自己的交际网络发生断裂,对于商务人士更是如此。

⑥ 产品价格的可比性。产品价格越容易与其他产品比较,消费者的价格敏感度越高,比较越困难,消费者的价格敏感度越低。在超市,产品的标签一目了然,摆放在一起的同类产品使消费者更易进行价格比较,此时诱人的价格可以引发消费者的购买冲动。

⑦ 品牌。消费者对某一品牌越忠诚,对这种产品的价格敏感度越低,因为在这种情况下,品牌是消费者购买的决定因素。消费者往往认为,高档知名品牌应当收取高价,高档是身份和地位的象征,并且有更高的产品质量和服务质量。品牌定位将直接影响消费者对产品价格的预期和感知。

2) 个体因素。对于同一件商品或同一种服务,有些消费者认为昂贵,有些消费者认为便宜,而另一些消费者则认为价格合理,这种价格感知上的差异主要是由消费者个体特征不同造成的。个体特征既包括个体人口统计特征又包括个体心理差异。

① 消费者的年龄。消费者年龄越小,价格敏感度越低,消费者年龄越大,价格敏感度越高。老人对价格相当敏感,原因就在于老人的价格记忆,尤其是可支配收入不高的老人。而对于中青少年,特别是 20 世纪 90 年代后出生的消费者,由于受到父母的宠爱,他们对商品的价格敏感度较低。

② 消费者的产品知识。消费者的产品知识越丰富,购买越趋于理性,价格敏感度越低,因为消费者会用专业知识来判断产品的价值。消费者的产品知识越

少，对价格的变化会越敏感，尤其是对于技术含量比较高的商品，普通消费者只是以价格作为质量优劣的判断标准。

③ 产品价格在顾客支出中的比例。比例越高，消费者价格越敏感，比例越低，消费者价格越不敏感。高收入人群有更多的可支配收入，因此对多数商品的价格不敏感，而低收入群体往往对价格敏感。

④ 消费者对价格变化的期望。期望越高，价格敏感度越高，期望越低，价格敏感度越低，因为对价格变化的期望影响消费者的消费计划，消费者买涨不买降也正是这种心理。

⑤ 消费者对成本的感知。消费者对实付成本的感觉比对机会成本的感觉更敏感。实付成本被视为失去了已经拥有的财产，而机会成本被视为潜在地放弃所得，因为消费者认可一种好处时，常常不愿意冒风险，消费者的这种心理对于一些家电企业有重要启示，比如，尽管一种家电产品具有省电的优势，但在销售中却不如打折较多但耗电量比较大的同类产品销售得快。

⑥ 消费者对产品价值的感知。价格不是决定消费者购买行为的唯一因素，消费者的购买决策更多依赖于产品价值和付出成本的比较，只有当价值不小于付出的成本时，才会发生购买行为。其中，消费者获得的价值包括产品价值、服务价值、人员价值和形象价值，产品价格是这些价值的综合反映；付出的成本则包括货币成本（产品价格）、时间成本、体力成本、心理成本和精力成本。价值和成本的感知对于不同的顾客而言有很大的差异，甚至同一个顾客在不同情况下的感知也会不同。

2. 营销策略

商家经常利用价格调整的手段来引导产品的销售，相对于产品策略和渠道策略而言，价格策略表现得更直接，同时也更为有效。

（1）价格变动幅度

价格变化的幅度与基础价格之比越高，消费者的价格敏感度越高，反之，消费者的价格敏感度越低。韦伯·费勒定律显示：顾客对价格的感受更多取决于变化的相对值，而不是绝对值。比如，对于一辆自行车，降价200元会有很大吸引力，而对于一辆高级轿车，降阶200元也不会引起消费者的过多关注。这个定律还有一个重要启示：价格在上下限内变动不会被消费者注意，而超出这个范围时消费者就会很敏感，在价格上限内一点点提高价格比一下子提高价格更容易被顾客接受，相反地，如果一次性将价格降到下限以下，比连续几次小幅度的减价效果更好。

（2）参考价格

参考价格为消费者设置了对比效应，从心理上影响消费者的价格公平感知。参考价格通常作为消费者评价产品价格合理性的内部标准，也是企业常用的一种价格策略。影响参考价格形成的最主要因素包括上次购买价格、过去购买价格、消费者个人感知的公平价格、钟爱品牌的价格、相似产品的平均价格、推荐价格、价格排序、最高价格、预期价格，这些因素都是可以直接用货币衡量的。还有一些无形因素可以影响参考价格的形成，主要包括公司形象、品牌价值、购物环境、购物地点以及口碑宣传。在一家公司有多种产品时，参考价格的设置就显得更加有意义，比如，将某种产品或某种服务的价格定得比较高，可以提高整个产品线（服务种类）的参考价格，其余产品（服务）就显得比较便宜，牺牲这种高价产品（服务），可以增加低价位产品或服务的销售，从而提高公司的总体利润。

(3) 促销

用降价的方式增加产品销量往往会立竿见影，但是过于频繁的价格促销会增加消费者的价格敏感度，使消费者只有在产品降价的时候才产生购买的欲望。全国性的广告可以降低消费者的品牌价格敏感度，因为用全国性广告树立起来的品牌价值更高，消费者更容易将高价和高质量相联系。店内广告可以提高消费者的品牌价格敏感度，因为店内广告更容易让消费者进行价格比较。用实物促销能降低消费者的价格敏感度，因为实物更易引起消费者的兴趣，让消费者觉得"占了便宜"。

(4) 巧用数字

心理学研究表明，不同的数字会对消费者产生不同的心理影响。奇数尾数定价已被广大厂商所运用，如果价格再包括小数位，则消费者认为这是厂商经过精确测量的"合理"价格，并且消费者往往感觉奇数结尾的价格比实际上仅高出一点的整数价格低廉很多，比如，消费者认为49元要比50元便宜许多。有资料显示，当商店产品的价格从整数价格下降到含小数位的价格时，销量会有明显的提高。对于经常购买的日用消费品应当用奇数做尾数定价，对于不经常购买的耐用品应当用偶数做尾数定价，因为奇数暗示着节约，偶数暗示着声望。心理学家指出：当价格以"99"结尾时，产品能吸引消费者的注意；当价格以"8"结尾时，意味着对称和平缓，在中国也代表要"发"的意思；当价格以"7"结尾时，意味着笨拙和刺耳；当价格以"6"结尾时，意味着顺利和通达；当价格以"5"结尾时，意味着快乐。对于价格变动消费者也会有不同的反应，比如，价格从89降至75和从93降至79，尽管下降数额相同，但消费者感觉第二组（从93降至79）价格下降更多，因为消费者对价格的比较首先从第一个数字开始，只有当第一个数字相同时才会依次比较后面的数字。商品定价的逻辑思维如5-10图所示。

第5章 数据应用（下）——快速提升业绩的有效手段

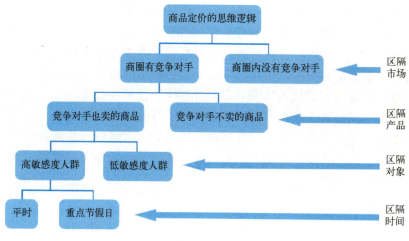

图 5-10 商品定价的逻辑思维

5.2.2 动线设计

通常来说，店铺经营成果主要由两个因素决定：来店的顾客数和顾客的平均购买单价。其中有两个很重要的公式：

店铺销售额 = 客流量 × 停留率 × 购买率 × 购买件数 × 商品单价

顾客购买单价 = 流动线长 × 停留率 × 购买率 × 购买件数 × 商品单价

从以上公式可以看出，想要增加销售额以及顾客购买单价，就需要使消费者尽可能多地停留、购买，因此一条好的商业动线就显得至关重要。那么什么是动线呢？人在室内、室外移动的点联合起来就成为动线。对于商业动线，可以这样简单理解：由点生线，一个脚印一个点，一串脚印一条线，这就是动线，即商业体中客流的运动轨迹。

单一顾客的行动虽有其随意性，但全体顾客的动线轨迹是有规律可循的。良好的商业动线设计，可以在错综复杂的商业环境中，为客流提供一套可辨、清晰的脉络，让顾客在商业体内部停留更久，在购物过程中尽可能经过更多有效区域。

1. 影响因素

商业动线的设计并不是千篇一律的，而是要考虑到顾客的购物习惯、店铺的商品属性以及经营面积形状等多方面的因素。

以大型商超为例，其动线设计应严格按当地消费者的购买习惯进行。一般将商品分为两大类：一类是"计划性、习惯性购买商品"，多为居民日常生活主要消费的必需品，如粮、油、米、面、酱料、蔬果等，它们是吸引消费者的主要动力；另一类则是"非计划性和随机性购买的商品"，如小吃、家居休闲用品、服装等，消费者往往在看到该类商品后才能激起需求动机。因此，在动线设计上，应根据客户需求模式的不同，充分利用计划性购买商品对消费者的诱导功效，设计"走遍卖场布局法"，如将计划性购买商品布置在通道两端、卖场四周及中间位置，或按非食品、食品、生鲜的顺序设计卖场，因为非食品不是消费者每天需要的习惯性、计划性购买商品，生鲜是消费者每日的生活必需品，将生鲜设计在卖场终端，能有效延长消费者在卖场内的停留时间，促进非计划性购买商品的销售。

2. 种类

以商超为例，一般单层超市的动线有 U 型、L 型、F 型、O 型、一型和曲线型等。适合单层 1000 平方米以上超市的动线是 U 型、L 型、F 型、曲线型；适合 1000 平方米以下超市的是 O 型和一型动线，这两款动线比较直接、单一，超市布局设计也较简单。本节主要介绍 U 型、L 型、F 型、曲线型动线。

（1）U 型动线

U 动线适合方形或接近方形的超市，因超市主通道形状像 U 而称为 U 型动线。顾客从超市入口进入超市，在宽大的主通道指引下，不用刻意引导，顾客就能自主按照设计路线到达超市的每个商品区域，方便顾客购买，如图 5-11 所示。

（2）L 型动线

适合长方形的卖场，主通道像倒放的 L 型。长方形超市横向长，一般很难把顾客引导到超市内部，而使用 L 型动线可以引导顾客到达超市内部，分散到每个商品区域和货架间的过道，顾客停留在店中的时间也会拉长，进而提高客流量。

但是如果长方形超市的纵深较长，L 型动线的长 L 过道对于部分区域的商品就会存在死角，顾客难以到达每一个长的过道，影响商品销售。一般纵深较浅、横向较长的超市使用 L 型动线会非常合适，如图 5-12 所示。

（3）F 型动线

针对长方形超市纵深长的问题，可综合 U 型动线和 L 型动线的优点，设计出适合这类超市的 F 型动线，通过功能性商品的引导及增加的一条通道，使顾客可以看到和轻易到达所有商品区域，解决 L 型动线的弊病。F 型动线如图 5-13 所示。

顾客走在 F 型通道里，可以近距离到达任意一个过道和看到过道货架上陈列的商品，使超市里的商品更通透，让更多的顾客买到需要的商品。

第 5 章 数据应用（下）——快速提升业绩的有效手段

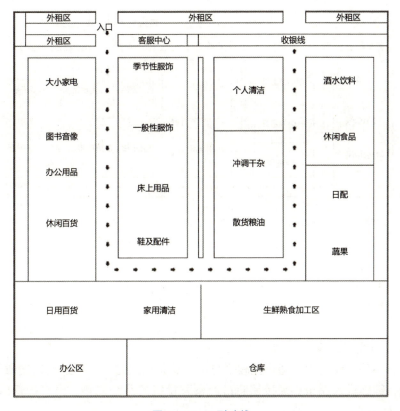

图 5-11 U 型动线

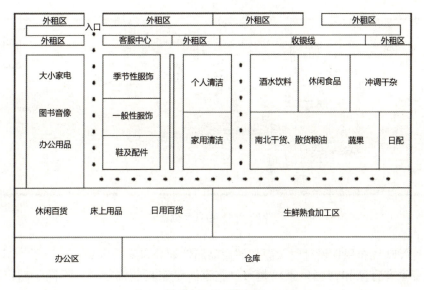

图 5-12 L 型动线

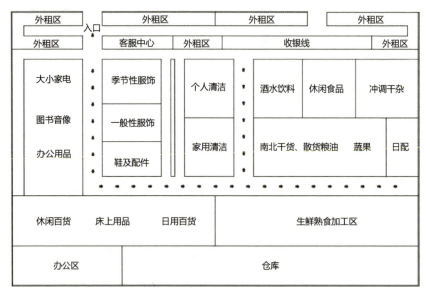

图 5-13　F 型动线

(4) 曲线型动线

还有一种动线是国内超市比较少见的,就是曲线型动线。这类动线属于强制性动线,顾客进入超市必须按照超市经营方设定的路线购物,没有折返的线路。如图 5-14 所示。

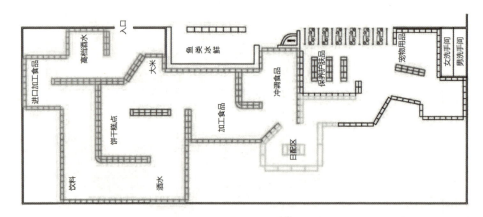

图 5-14　曲线型动线

这类动线布局在设计时只要按照商品属性划分来安排区块就可以了,国内使用的商家有宜家和韩国每家玛超市。宜家属于家具装饰行业,不同于超市零售业,这里就不赘述了。每家玛也是根据超市总的布局来使用曲线型动线的,生鲜、熟食、蔬果、鲜肉、散货等都在超市外做岛状销售，小型商品不占面积，用货架可以搭建组合成图5-15中的曲线。这样的动线设计比较浪费超市面积，不适合一般超市使用，因此超市卖场的布局设计和客流动线与超市经营商品的品种、经营方式以及经营场地都有密切关系，不是简单套用就可以设计要点如下。

1）顾客游走路线一定是回路，而不是射线。回路能够突破项目面积的局限性，增加商品的曝光率，让消费者走回路能够让商场更完美。

2）结合周边的环境，既要消费者对整体格局有所把握，不至于迷失方向，又不能让过道过于单调，避免产生动线过长的结果。

3）方向的改变要有过渡，改变消费者的路线不要太刻意化，最终的目的是以人为本。

3. 什么是好的商业动线？

把核心价值做到极致，就是最好的商业动线。决定商业动线的核心因素是商业模式，即是否解决了用户的痛点和需求，是否提升了用户和商家的效率；其次是能够做到增值销售（Upsale）或交叉销售（Cross Sale），提升顾客的终身价值（LTV）以及每个顾客的平均订单价值（AOV），同时获得更多关于顾客购买产品或服务的可能性的数据。

一般而言，好的商业动线表现如下：一是有效增强商铺可见性，二是有效增强商铺可达性，三是具有明显的记忆点。好的动线设计不但能增加销量，而且能让顾客充分感受到自在感，不用费劲寻找，想买什么，下一刻就能看到。

比如宜家的卖场是非常经典的，顾客从进入开始就被"引导线"引导着走完所有角落，顾客从入口进去就被唯一的一条曲折主路依次引入客厅家具、客厅储物室等各个主区域，直到一个不落地走完才抵达出口。但细心的人会发现，为方便一些消费者在购物中快速离开或快速抵达感兴趣的区域，每个主区域间都有一些较隐蔽的捷径作为辅动线。

5.2.3 加购环节设计

1. 通过关联度分析来设计加购

广义商品关联度包括商品和价格间的关联、商品和天气间的关联、商品和顾客间的关联等，而人们通常讲的是狭义的商品关联度，即购买A的顾客中35%的顾客会购买B，则商品A、商品B之间就有了关联度（反过来不一定）。关联关系具有方向性，可分为单向关联和双向关联。我们可以根据关联度的几个指标来设计加购，从而提升销售额。

（1）可信度

可信度=同时包含商品A和B的交易量÷包含商品A的总交易量×100%。可信度表达的是购买 A 的交易中有多少交易包含关联商品 B，即商品 B 出现的概率。按可信度的大小可以把商品间的关系分为强关联、弱关联以及排斥关系。

　　1）强关联。当商品的关联度超过某个值时，就可以定义为强关联的关系。不同行业这个值均不同。强关联商品的特点是，陈列在一起会提高双方的销量。其中，双向关联的，可以互相关联陈列，相互提升销量，而对于单向关联的商品，将被关联的商品陈列在关联商品旁即可。例如，尿不湿旁边可以放啤酒，啤酒旁边却不用放尿不湿。

　　2）弱关联。对于弱关联的商品，可尝试陈列在一起再对比分析，如果关联度大幅提高，则原弱关联有可能是陈列不当造成的。

　　3）排斥关系。具有排斥关系的商品基本不会出现在一张购物小票中，这些商品尽量不要陈列在一起。

　　（2）支持度

　　支持度＝同时包含商品 A 和 B 的交易量÷包含 A 或 B 的总交易量×100%，指有多少比重的顾客会同时购买关联商品，可以考量加购的效果如何。

　　（3）提升度

　　提升度＝可信度÷商品 B 在总交易中出现的概率，指商品 A 对商品 B 销售提升的影响程度，可以在某些商品对其他相关商品的销售提升相关分析中使用。

2. 通过购物篮分析找到优化策略

　　购物篮系数＝某段时间内商品销售总数/某段时间的购物篮总数。

　　指定商品的购物篮系数＝某段时间内含指定商品购物篮的销售总数/某段时间内含指定商品的购物篮数。

　　（1）影响因素

　　购物篮系数与消费者的购买力、卖场的动线布局、商品是否充足相关。

　　（2）分析方法——四象限分析法

　　用四象限分析法来展示购物篮数量和系数的对应关系，如图 5-15 所示，十字线为红色。

　　1）第一象限（右上角）：购物篮数量、系数均高于平均值，是销量及卖场人气的主要来源，是促销活动的重点考虑对象。

　　2）第二象限（左上角）：购物篮数量不错，但购物篮系数低于平均值，所以此象限商品需要解决的是如何提高关联销量。

　　3）第三象限（左下角）：属于边缘品，本身卖得不好，也和其他商品关联度不高。

　　4）第四象限（右下角）：购物篮系数高，购物篮数量低于平均值，首要任务是促进它们产生更多的购物篮。

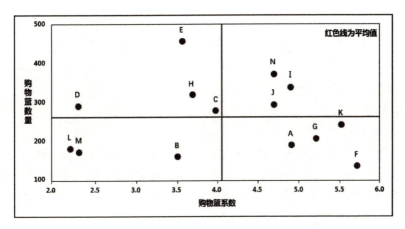

图 5-15　四象限分析法

（3）人气指数

指定商品的人气指数=某段时间内含指定商品购物篮的销售总数/某段时间内的购物篮总数。

1）人气指数≠指定商品的销售数量比重。

2）人气指数高的商品不一定是卖得最好的，但它"带来"的销售量是最大的。

3）如想高效分析人气王，可找出 20 大销售 SKU，再计算它们的人气指数。但这种方式有可能会漏掉人气王。

4）单品王（爆款）是销量的保证，而人气王是更大销量的保证。二者都需要分析研究。

3. 提升加购设计效果的方法

1）根据关联度来设计卖场的陈列、促销、推广等，对关联度高的商品在销售中特殊对待。

2）建立商品的人气指数档案，及时更新。重点照顾人气指数高的商品。

3）利用特殊日期、特殊事件等进行关联销售，例如六一时童装和女装的关联销售。

4）建立关联推荐机制。例如，在购物网站中，每当将某件商品收藏或加入购物车后，网站一般会提醒购买该件商品的人有多少还购买了另一件商品。

5）有效利用数据挖掘进行关联销售。例如，将关联度高的商品做成套装销售，找到关联度高的商品组合背后的消费者细分群体进行精准营销，商业逻辑由"卖我想卖的"转变为"卖你想买的"。

5.2.4 满减、满返、满赠的数据化驱动设计

1. 三种不同形式介绍

（1）满赠

1）满赠的形式

第一种形式为满 XX 元，送 XX 赠品，适合大部分中小卖家；第二种形式为满 XX 元，加 XX 元赠送 XX 赠品，适合有品牌优势的卖家，因为消费者钟情于品牌，加少量费用就可以额外获得一件该品牌的商品，对其有很大的吸引力。

案例：某男装运动品牌的促销策略。

某男装运动品牌在销秋季服装单价 70 元，为了提高客单价至 100 元，店铺制订了促销政策"满 99 元，加 10 元送 T 恤"，所赠 T 恤的成本价不高，但单独拍摄了图片，并且质感不错，非常吸引买家眼球。卖家在页面中告知买家，加 10 元就可以获赠一件 T 恤，最后促销成功，交易数上涨，客单价也得到了提升。

冬季时该店铺决定进行新一轮的促销，沿用了上次的方式，赠品是某知名品牌的毛毯，最终政策是"满 139 元，加 39 元赠送毛毯一条"，但是这次促销活动失败了。

2）注意事项。

以两次促销活动为例进行对比分析，得出以下几点满赠策略中的注意事项。

① 客单价的提升要在合理范围之内，首先要根据目前店铺客单价来制订满多少元才能送，假设目前店铺单价为 70 元，那么整体客单价提升 20~30 元应该是合理的，可以选择"满 99 元送手套"或者"满 99 送腰带"，具体送的礼物最好是本店销售产品所针对人群有需求的。

② 赠送礼物要在毛利范围内。

③ 所赠礼物要比额外加的钱数更有价值感。

④ 额外加的钱数必须属于"忽略价"，最多不得超出本品价格的 10%。

⑤ 本品和赠品要具有使用相关性，即赠品一定是目标人群需要的。

（2）满减

1）满减档位设计。

满减的档位设计非常重要，在实际的业务场景中，能够提升销量的策略应是：满减第一档是引客档，即为了吸引顾客进行第一笔消费，这一档位建议以中等价位单品的整数位参考进行设计；满减第二档为凑单档，这一档位可以提升顾客在店内停留的时间，从而提升客单价；满减第三档应是拼单档，指顾客为了更多的优惠选择和其他人进行拼单，进一步提升客单价；满减第四档、第五档应为多人拼单，这一档位通常可以满足一些顾客小宗团购的需求，比如在外卖领域，

第 5 章 数据应用（下）——快速提升业绩的有效手段

公司白领订工作餐，第四档、第五档的满减设定可以吸引部门集体订餐。

2）注意事项。

① 调整满减时不宜变化过大。在经营过程中，有时面临成本增高等问题，为了保证利润，很多商家会选择把满减力度调小，但在调整过程中，幅度不宜过大，因为一旦让顾客感觉到过大的变化，店铺的进店转化率和下单转化率很可能双双下降。

② 满减分时段。分时段是指，对某月的某天，或是对某天的某个时间进行特别的满减设置。以外卖平台为例，一家店铺的日常设置是"满30-16"和"满50-26"。端午节即将到来，如果想做活动，可以提前把端午节当天14:00~21:00的满减设置为"满30-18"和"满50-28"，在别的时段，仍维持原满减幅度。

③ 满减与固定折扣商品的平衡。很多外卖商家以及经常点外卖的人都知道，满减活动和折扣菜是互斥的。如果一道菜设定为折扣菜，那就不能参与满减活动。同时因为折扣菜在菜单上排名靠前，非常显眼，于是导致了这样一种情况：能够让顾客参与满减活动的菜品少了，顾客难以下单。

对于这种情况，有一个简单的方式可以解决，就是将菜品一分为二，即让同一道菜在菜单上出现两次，一道是折扣菜，一道是能参与满减的普通菜，使用这一技巧，就可以同时满足想买折扣菜和凑满减的顾客需求了，从而增加转化率和ARPU。

（3）满返

1）满返的形式。

满返的形式是满××元就返××元，返还的是一个价值××元的机会或优惠券。满返的目标是增加购物频次，但这种促销方式的及时效果相对较差，因为返的是抵用券，需要产生二次消费才能使用，再加上促销活动设置的多种条件，有时会导致转化率的下降。

2）注意事项。

使用满返进行促销时，要注意设置合理的返还额度，额度要诱人，才能达到促进转化的效果；还要注意返券使用限制要少，以降低客户的决策成本。

2. 促销方式对比（见表5-2）

表5-2 促销方式对比

形式	针对人群	优点	缺点	难点
满赠	所有用户	容易理解 有效提升客单价	赠品选择对效果有影响	赠品选择 所满金额计算
满减	所有用户	容易理解 有效提升客单价 及时效果好	用户注意力被吸引到折扣上	所满金额计算

(续)

形式	针对人群	优点	缺点	难点
满返	购买意向不强烈的用户	不容易理解 可提升客单价 可提升购买频次 即时效果差	可信度较差	返还形式 所满金额计算

5.3 提升运营效果的方法——留存分析与用户传播

5.3.1 通过留存分析提高用户回访率

1. 留存的核心意义

客户因为拓新或推广活动到店消费，但是经过一段时间可能会有一部分客户逐渐流失，那些留下来的或者经常光顾的客户就称为留存。留存 AARRR 模型如图 5-16 所示。

图 5-16　AARRR 模型

（1）留存率是判断产品价值最重要的标准

1）如果产品对用户来说是有价值的，就可以认为用户会在未来的时间里再次使用产品。反之，如果用户未来不会再次使用，就可以认为产品不那么有价值，很可能是伪需求。

2）在创业期，留存率是企业判断产品是不是做得好、是不是值得继续投入的一个很重要的标准。

（2）留存率是做运营时判断是否要烧钱的重要标准

1）应该保持产品的继续快速迭代，把产品留存率提高到所估算的比较划算的阶段才值得烧钱，并不是所有的产品和阶段都适合做烧钱推广。所以留存率高不高是判断烧钱的一个很重要的标准。

2）流量红利已经消失，互联网人群的渗透已经很彻底。在流量越来越贵的情况下，留住老用户就显得越来越重要。

2. 用户留存的三个阶段和重要时间节点

（1）留存的三个阶段

留存可分为三个阶段：初期（震荡期）、中期（选择期）和长期（平稳期），如图5-17所示。

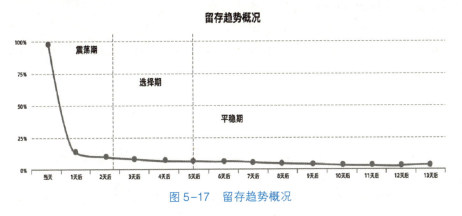

图 5-17　留存趋势概况

留存初期非常关键，因为这个阶段将决定用户继续使用或者购买产品还是使用一两次之后就"沉睡"。因此，初期留存率可以作为衡量产品黏性的一个指标。留存初期并没有一个统一的时间长度，对移动 app 来说可能是一天，对于社交网络来说可能是一两周，对 SaaS 产品来说可能长达一个月甚至一个季度，对于电子商务公司来说通常是 90 天。根据产品的行业标准以及用户行为分析来决定产品的留存初期应该是多长。

留存初期有一个优势。研究表明，这一阶段用户从产品中获得的价值越大，他们长期使用产品的可能性就越大，而且通常这一阶段有许多改善用户体验的机会。

把这一阶段看成激活过程的一部分可能更合理，但是，现在这样区分还是有意义的。对于许多产品来说，新用户在特定时间段重复使用产品并从中获得新体验达到一定次数时才能强化他们对产品价值的认识。

一旦跨过留存初期，用户就进入留存中期，这时产品带来的新鲜感已经褪去，要留住中期用户，核心任务是让使用产品成为一种习惯，让用户逐渐从产品或服务中获得满足感，这样无须鼓动用户也会继续使用，因为这已经成为他们日常生活的一个组成部分（淘宝用户买东西的时候总会第一个想到去淘宝上搜索）。

（2）留存的重要时间节点

1）次日留存。因为都是新用户，所以可以结合产品的新手引导和新用户转化路径来分析用户的流失原因，通过不断的修改和调整来降低用户流失，提升次日留存率。通常这个数字达到40%就表示产品非常优秀了。

2）周留存。在这个时间段里，用户通常会经历一个完整的使用和体验周期，如果在这个阶段用户能够留下来，就有可能成为忠诚度较高的用户。

如果一个完整的体验周期是14天，就可以确定为14日留存，这根据业务实际情况而定。

3. 留存分析的方法论

（1）按照获取用户时间进行分析

从时间维度查看异常点在时间上的特征，如次日留存、周留存等有什么特征，不同时间段（工作日和非工作日）有什么特征等。

（2）按照用户行为进行分析

1）选择用户行为作为分析点应遵循原则：做过的都留下，留下的都做过；没做过的没留下，没留下的没做过。

2）用户行为分析不能与时间维度割裂，因此需要分析特定时间段内的行为或对不同时间段行为比较。

（3）按照不同群组对产品不同模块的使用情况进行分析，如图5-19所示。

1）分群A（平稳期）的用户之所以留下来，是因为产品提供的功能满足了他，对于这些用户可以通过一些细节的挖掘去看他们对每一个产品、每一项功能的使用情况。

2）从图5-18可以看出，如果做一个排序的话，分群A在平稳期的这部分用户非常喜欢使用模块A，也非常喜欢使用模块C。

分群名称	温度	健康度	功能模块A	功能模块B	功能模块C	功能模块D	功能模块N
分群A（震荡期+选择期）	8	8.6	8.1	6	8	7.1	7.2
分群A（平稳期）	8.5	8.5	9	6	10	7	7.9

图5-18　不同模块使用情况分析

案例：某O2O企业分析"发红包"效果。某个O2O应用想观察给用户发放红包之后的回购行为趋势，如图5-19所示。

在该案例中，将触发了购买行为的用户定义为留存用户，因为对于这个活动来说，刺激用户进行购买是首要目标，那些仅在应用里查看了商品页面的用户虽然进行了回访，但并没有进行关键行为，因此在该案例中暂不能成为留存用户。

首先在"起始行为"中选择"红包领取成功页面""浏览"，然后在"回访行为"中选择"购买成功页面""浏览"，时间选择红包活动的时间段：1月1日~

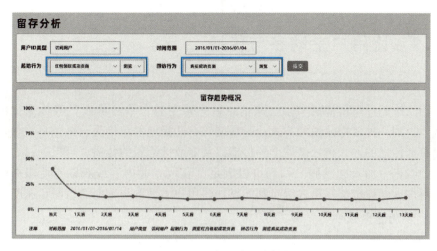

图 5-19 用户回购行为趋势

1 月 14 日，点击“提交”。

如图 5-20 所示，可以看到“当天”列的留存率已经不是 100%，这是因为上述设定的起始行为与回访行为不一致而形成的，是正常现象。当天的平均留存率为 38.1%，表示每 100 个领取了红包的用户中，大约 38 人会在当天就去购买商品用掉红包。

时间	用户数	当天	1天后	2天后	3天后	4天后	5天后	6天后	7天后	8天后	9天后	10天后	11天后	12天后	13天后
概况	5.17k	38.1%	13.9%	11.4%	11.3%	10.6%	9.5%	9.5%	10.3%	9.4%	9.4%	9.5%	8.9%	9.3%	11.3%
1-1	106	17.9%	3.8%	6.6%	8.5%	9.4%	10.4%	10.4%	8.5%	9.4%	6.6%	11.3%	13.2%	10.4%	11.3%
1-2	76	21.1%	2.6%	7.9%	7.9%	7.9%	5.3%	5.3%	3.9%	3.9%	9.2%	10.5%	7.9%	7.9%	
1-3	121	21.5%	10.7%	11.6%	9.9%	9.9%	6.6%	6.6%	5.0%	8.3%	9.1%	5.0%	5.8%		
1-4	485	36.5%	14.8%	13.0%	13.2%	10.5%	5.8%	5.2%	10.1%	10.3%	8.5%	10.1%			
1-5	412	36.9%	14.6%	13.6%	12.9%	6.8%	5.6%	13.8%	13.3%	10.4%	11.4%				
1-6	569	34.6%	13.9%	9.8%	5.4%	4.2%	10.7%	9.1%	9.0%	6.6%					
1-7	503	43.5%	15.9%	6.8%	5.6%	14.1%	13.1%	10.5%	11.9%						
1-8	512	33.6%	8.2%	5.5%	14.6%	13.7%	10.0%	10.5%							
1-9	258	45.7%	11.2%	19.8%	17.1%	14.7%	14.0%								
1-10	169	27.8%	20.7%	17.8%	16.6%	17.8%									
1-11	528	40.5%	15.9%	12.1%	13.8%										
1-12	488	42.2%	14.3%	15.0%											
1-13	454	39.6%	18.1%												
1-14	494	45.6%													

GrowingIO

注释 时间范围 2016/01/01-2016/01/14 用户类型 访问用户 起始行为 浏览红包领取成功页面 回访行为 浏览购买成功页面

图 5-20 留存率与红包关系表

5.3.2　让用户主动参与传播

1. 二维码

用二维码进行传播的特点：从信息轰炸转变为"乖巧可人"等你来扫的功能载体，用一种轻松愉悦的方式让受众能够有选择地主动接受营销信息。使用户主动参与传播的方式包括微博上的传播以及专业性论坛的传播，可以通过在业务相关的咨询中加入二维码，扫码可以满足其获取专业内容或获取专业服务的需求，再加入转评赞奖励模式等，都能够加快用户主动参与传播的意愿和速度。

2. 关键意见领袖

KOL（Key Opinion Leader）是营销学上的概念，通常被定义为拥有更多、更准确的产品信息，且为相关群体所接受或信任，并对该群体的购买行为有较大影响力的人。KOL 相关词语如图 5-21 所示。

图 5-21　KOL 相关词语

（1）判断 KOL 的标准

1）持久介入特征：KOL 对某类产品较之群体中的其他人有着更为长期和深刻的介入，因此对产品更了解，有更广的信息来源、更多的知识和更丰富的经验。

2）人际沟通特征：KOL 较常人更合群和健谈，他们具有极强的社交能力和人际沟通技巧，且积极参加各类活动，善于交朋结友，喜欢高谈阔论，是群体的舆论中心和信息发布中心，对他人有强大的感染力。

3）性格特征：KOL 观念开放，接受新事物快，关心时尚、流行趋势的变化，愿意优先使用新产品，是营销学上新产品的早期使用者。

（2）如何选择合适的 KOL 提升转化推广

1）选择与品牌调性相符的 KOL 进行推广。在投放 KOL 广告时如果漫无目的地乱投乱放，花出去的推广费用如同"打水漂"，并不会对业务产生实际的帮助。

正确的投放方式应该是在明确自身品牌调性后建立用户画像，参考品牌数据分析结果对 KOL 资源进行筛选，这样才能保证品牌在推广中所面向的用户就是目标用户，这一点直接影响品牌 KOL 投放的营销效果。

2）选择具有话题性的 KOL 进行传播。在形形色色的 KOL 中，传播同样一个话题的情况下，每个 KOL 的传播效果和转化率都是不同的。面对海量的 KOL 资源，最好在预算成本内选择能够创造话题或自带持续性话题的 KOL，才能够为品牌取得更高的曝光率和转化率，让品牌印象在目标用户之中更深入，激发起目标用户的购买欲望。

3）选择能够带来较高转化率的 KOL 进行合作。KOL 的价值是为品牌带来转化率，包括用户转化率和产品转化率。品牌可以对以上两种转化率进行均衡考量，尽可能地将粉丝对 KOL 的信任转化为对品牌及其产品的信任，实现品牌用户转化，进而产生购买行为达到产品转化。所以在实际业务中，要尽可能地选择两种转化率都高的 KOL 进行合作，为品牌带来更多的潜在用户群体和产品购买量。

5.4 产品规划与生产周期控制

5.4.1 产品规划

产品规划通常指的是产品经理通过前期调研，在充分了解公司战略方向、目标用户需求、竞争对手、产品目标领域以及市场和技术发展态势的基础上，根据公司自身的情况和发展方向制订出可以满足公司战略目标、把握市场机会、满足用户需要的产品的远景或近景目标，以及可以实现该目标的产品实施过程。好的产品规划就像一份有效的作战计划书，在各个阶段指明作战目标。

1. 明确产品规划的目的

在产品的不同阶段，明确产品规划的目的也不尽相同。在产品初步成长期，做好方向上的判断，避免走错方向；在产品快速成长期，能够突出产品路线图，指导产品迭代；在产品稳定期，可增加数据分析和优化方案，以便进行更多的用户分析和竞品分析。除此之外，产品规划还有以下几点作用。

1）让产品团队对产品的整个生命周期有一个清晰的认知和了解，清楚地知道不同阶段的使命。

2）明确分配资源，包括人力资源、开发资源以及运营资源等。

3）让产品团队可以明确在不同的阶段应该做什么、不该做什么。

4）让整个团队对产品的发展和目标都有明确的认识，有利于凝聚团队。

5）向上汇报：重点应该是突出规划的方向和最终期望的效果，向领导说明怎么得出的方向，为什么可以这么做。

6）向项目组宣讲：重点应该是总结和突出规划细节，告诉项目组之前完成的成绩和接下来要做什么。

2. 列提纲

目的明确好之后，列出规划的结构（可以使用常见的脑图），便于正式编写时整理思路。下面用初步成长期的产品举例，这个时期的产品规划突出行业分析和产品规划，如图5-22所示。

图 5-22　列提纲

1）数据总结和分析：过去项目的关系数据情况，分析趋势得出产品弱点和不足。

2）行业趋势和竞品分析：产品所处的行业趋势如何，出现了哪些方向。

3）产品定位：产品本身在这个行业环境的身份是什么。结合身份、环境趋势、用户需求，希望做什么，有哪些方向和Key Point（关键点），也就是产品定位。

4）产品规划：结合定位中提出的Key Point，提出完成Key Point所需解决的问题，提出解决方案。

5）产品路线图（Road Map）：完成规划需要具备哪些功能，需要在什么时间段完成什么功能。

6）目标：最终期望达到的目标。

3. 数据总结和分析

这一步应将项目的关键指标用图表的形式表达出来。关键指标大致分为流量、转化率、黏性、营收。流量包括用户数总量、新用户占比等；转化率包括渗透率、点击率等（当然每个行业都有不一样的转化率定义，比如 ROI）；黏性包括留存率、人均启动次数、人均使用时长等。针对关键指标的变化趋势，分析产品优劣势，如图 5-23 所示。

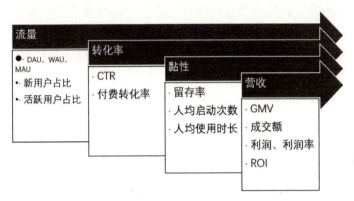

图 5-23　关键指标分类

4. 行业趋势与竞品分析

行业趋势和竞品分析该如何做呢？了解行业趋势的方式除了与同行访谈外，还有从一些权威的网站的行业报告中获得，如艾瑞、企鹅智库、亿欧智库、IT 橘子、Wind 等。竞品信息也可以从这些渠道获得。这一步骤的重点是从行业报告和竞品信息中获得与自身业务相关的重点与机遇，可以使用 PEST 分析法、波特五力法以及 SWOT 分析法去提炼信息，如图 5-24 所示。

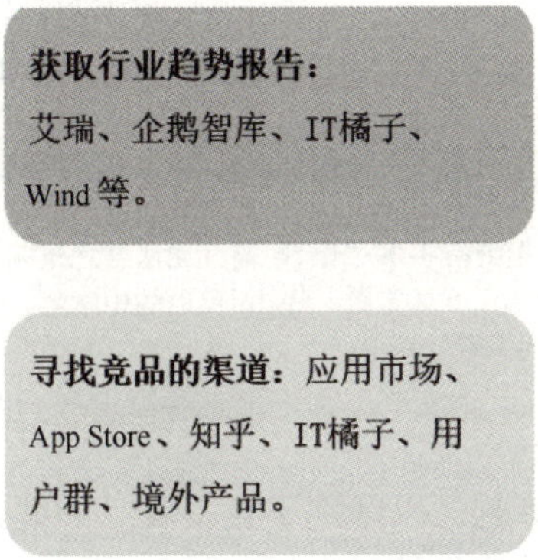

获取行业趋势报告：
艾瑞、企鹅智库、IT 橘子、Wind 等。

寻找竞品的渠道：应用市场、App Store、知乎、IT 橘子、用户群、境外产品。

图 5-24　行业趋势与竞品分析渠道

5. 产品定位与规划

（1）产品定位与产品特色

产品定位就是针对消费者或用户对某种产品、某种属性的重视程度，来塑造产品或企业的鲜明个性或特色，树立产品在市场上的特定形象，从而使目标市场上的顾客了解和认识本企业的产品。

而产品特色，有的可以从产品实体上表现出来，如形态、成分、结构、性能、商标、产地等；有的可以从消费者心理上反映出来，如豪华、朴素、时髦、典雅等；有的体现在价格上；有的体现在质量上，等等。企业在进行定位时一方面要了解竞争对手的产品具有何种特色，即竞争者在市场上的位置，另一方面要研究用户对该产品各种属性的重视程度，包括产品特色需求和心理上的要求，然后分析确定本企业的产品特色和形象。

（2）产品定位与市场定位

在当前市场中，很多人对产品定位与市场定位不加区别，认为两者是同一个概念，其实它们还是有一定区别的。具体说来，目标市场定位（简称"市场定位"）是指企业对目标消费者或目标消费者市场的选择；而产品定位，是指企业用什么样的产品来满足目标消费者或目标消费市场的需求。从理论上讲，应该先进行市场定位，然后才进行产品定位。产品定位是对目标市场的选择与企业产品相结合的过程，也就是将市场定位企业化、产品化的过程，见表5-3。

表 5-3 产品定位与市场定位案例

市 场 定 位	产 品 定 位
1. 左撇子工具公司——商店买的工具都是右手使用的，有人发现了以下现象 　1) 有些工具左撇子用不了 　2) 这个国家12%是左撇子 　3) 左撇子希望买到合心意的工具 2. 欧莱雅与大宝——欧莱雅在市场上的定位相对高端、豪华，大宝的定位相对朴素、低廉，这是为了塑造出与众不同的个性现象，让消费者对品牌有清晰的认知，降低购买决策难度 3. 特斯拉与拼多多——特斯拉拒绝拼多多"贴钱卖车"，原因就是特斯拉相对高端的市场定位，不能与拼多多这个定位偏低的平台有关联	1. 背背佳——背背佳是一款能够解决中学生驼背的神器，其实从研发到生产，这个产品并不是很复杂，没有太多科技感在里面，当时也确实有同类的产品出现，但背背佳的定位就是针对中学生，而实际上面临驼背的问题、最让父母担心的还是中学生 2. 好记星——好记星是曾经让90后风靡一时的产品，加上好记星的经典广告，可以说是点读机里面非常成功的产品之一。好记星巅峰时期，就连步步高都无法与之抗衡。好记星的定位就是主要针对学习英语的中学生，清晰明了

（3）产品定位的好处

1) 确定本企业产品特色，以区别于竞争者。如健力宝定位于运动型饮料。

2) 针对本企业的产品特色进行市场营销组合。已经采用"优质"定位的企业就必须生产优质产品，高价销售，通过高级经销商和高质量的报刊做广告。

3) 发挥企业产品及其他资源优势。

(4) 产品定位的内容

企业要找准产品定位必须首先找准消费者及其需求特征，以突出产品特色为定位的出发点，以恰如其分地满足消费者的需求为定位的归宿。一般来说，产品定位包括质量定位、功能定位、价格定位和外形定位。

1) 质量定位。

质量是产品的主要衡量标准，直接影响企业产品在市场上的竞争力，因此企业在研发、生产产品时，应该根据市场需求的实际状况确定产品的质量水平。

一般认为，产品质量越高越好，质量愈高，价值就愈高，但事实上，这种观点并不一定是正确的。一方面，质量的衡量标准是很难量化的，即使通过某些质量标准，如 ISO 系列的质量认证，证明自己的产品质量比其他企业高，但消费者的认同并不一定与这些标准相符合，他们对质量的认识往往包含个人因素；另一方面，市场上并不一定都需要高质量的产品，在许多区域市场，尤其是发展中国家市场，消费者往往更青睐于质量在一定档次上，但价格更便宜的产品。

因此，企业在进行产品定位时应该正确认识质量的作用。消费者对于产品质量的要求、消费者对质量的认识水平、市场上同类产品的质量水平等都应该成为企业质量定位的重要考核因素。在进行质量定位时，还应该考察质量的边际效益，即质量的边际投入和边际收益应相等，也就是花在质量提高上的最后一元钱要收到相同价值的收益，这个提高了质量档次的产品在市场上肯定比其他产品价格更高，当高价售出产品后产生的增值大于为提高档次所投入的费用时，把产品定位在高质区就是正确的。如果产品质量继续提高，产品成本继续增加，当为提高质量所投入的成本与获得的收益相等时，就到了质量定位点，低于这个点，产品还有潜力可挖；高于这个点，则企业得不偿失。

2) 功能定位。

市场竞争中，企业在比较同类产品的优劣时，往往提及性价比。性价比往往能够左右消费者做出的购买决策，同时，性能也是考核产品的一个重要指标。从某种意义上说，性能指的是产品的功能，功能是产品的核心价值，功能定位直接影响产品的最终使用价值。

影响企业产品功能定位的因素是多方面的，有企业自身实力因素、市场需求因素、地域市场因素、消费者因素等。在进行功能定位的过程中，企业要综合考虑这些因素，并且能够明确哪些因素是决定性的。

功能定位一般分为单一功能定位和多功能定位。定位于单一功能，则造价低、成本少，但不能适应消费者多方面的需要；定位于多功能，则成本会相应地提高，然而能够满足消费者很多方面的需要。同时，不同的行业对于产品功能的定位有着天壤之别，如房地产与服装，房地产功能定位着重于绿色、人性化、科技化等方面，而服装的功能定位往往比较单一。

当然，产品功能定位除了考虑企业自身的发展需要，还得切合市场的需求，只有满足企业自身发展并与市场需求匹配的功能定位才是有效的。

3）体积定位。

产品丰富以后，产品的体积大小也是企业在产品定位时考虑的热门问题。在这方面，电气设备、通信产品和计算机产品尤其明显，消费者越来越青睐质量相当，但体积更小的产品。正是在这种消费需求的影响下，超薄笔记本、商务通、微型手机、超小型家用电器等被推向市场。体积定位更多地表现为企业参与竞争的一种营销手段。

4）色彩定位。

从黑白电视到彩色电视、纯平彩电，再到背投、等离子电视等，反映出消费者对于产品色彩的日益重视。在产品处于同一水平线时，如果企业能够率先对产品色彩进行重新定位，同样能够在市场上树立鲜明的产品形象，给消费者留下深刻的印象。对产品色彩多样化的追求反映了消费者更注重需求的个性化。

时尚产品采用色彩定位往往会取得很好的营销效果。与体积定位一样，色彩定位更多地表现为企业参与竞争的一种营销手段。

5）造型定位。

消费者个性化需求的发展直接导致了产品造型的不断更新，企业产品采取什么样的造型或款式，是产品定位的关键内容之一。一个恰到好处的造型定位可在营销上一举成功，而一个蹩脚的造型定位则可能在营销上一败涂地。

除了基础产品（如钢铁、光缆）和生活必需品（如大米、玉米）外，其他任何产品都可以采用造型定位参与市场竞争。别出心裁的产品造型在市场竞争中能起到传递信息、树立优势的作用。例如，我国某地区有农民企业家一改用玻璃瓶装酒的惯例，改用葫芦装酒，这种新包装的酒一上市就备受欢迎，产品供不应求。

在未来的营销中，造型定位一定会大有可为，也会成为更多企业参与市场竞争的武器。

6）价格定位。

价格定位是产品定位中最令企业难以捉摸的。一方面，价格是企业获取利润的重要指标，最终会直接影响企业的盈利水平；另一方面，价格也是消费者衡量产品的一个主要因素，对价格的敏感度将直接决定消费者的最终消费方向。此外，企业对价格的把握也很难全面，很容易陷入价格陷阱。现代企业的价格定位是与产品定位紧密联系的。价格定位主要有以下三种。

① 高价定位。

实行产品高价定位策略，产品本身的优势必须明显，使消费者能实实在在地感觉到。行业领导者的产品、高端产品等都可以采用高价定位策略，而日常消费品则不宜采用，否则很容易影响产品的销售。

采用高价定位策略应该考虑价格幅度、企业成本、产品差异、产品性质以及产品可替代性等因素。如果不考虑这些因素的影响而盲目采用高价定位策略，那么失败是不可避免的。

② 低价定位。

在保证商品质量、一定获利能力的前提下，采取薄利多销的低价定位策略更容易进入市场，而且在市场竞争中的优势也会比较明显。采用低价定位而取得成功的企业很多，美国零售巨头沃尔玛就是最典型的例子之一。在同类产品中，沃尔玛的售价是最低的，这是吸引众多消费者最有力的武器。在我国，格兰仕同样也是采用低价定位策略进入家用电器市场并获得成功的。

低价定位策略也可成为攻坚的武器，在残酷的营销竞争中，价格或者成为一些企业的屠刀，或者成为企业取得优势的撒手锏。现代市场上的价格大战实质上就是企业之间价格定位策略的博弈。

③ 中价定位。

介于高价和低价之间的定价策略称为中价定位。目前全行业都流行减价和折扣等低价定位策略或者高价定位策略，企业采用中价定位能够在市场上独树一帜，从而吸引消费者的注意。

企业管理者应该明确，企业的价格定位并不是一成不变的，在不同的营销环境下，在产品生命周期的不同阶段，在企业发展的不同历史阶段，价格定位可以相应地灵活变化。

5.4.2 生产周期控制

1. 什么是生产周期

生产周期是指产品从投产至产出的全部时间，在工业中，指产品从投入原材料进行生产开始，经过加工，到产品完成、验收入库为止的全部时间。生产周期的长短主要取决于设备及工艺等技术物质条件，但计划和组织管理工作的完善也能有效缩短生产周期。生产周期包括单件产品的生产周期和成批产品的生产周期。

（1）单件产品生产周期

单件结构简单的产品，其生产周期为该产品各个工艺阶段生产周期的总和。

如果单件产品是由多种零件构成的，其生产周期的确定就会比较复杂，要考虑以下几个方面。

1）各零件的生产周期和产品的装配期。

2) 各零件在各工艺阶段进行平行交叉生产的情况。
3) 平行交叉所用时间应该在计算总的生产周期时扣除。
（2）成批产品生产周期

成批产品生产周期的计算原理与单件产品基本相同，不同之处在于要考虑零件和产品在制造过程中的移动方式。

1) 移动方式不同，生产周期的长短也不同。
2) 确定成批零件生产周期的关键是确定一批零件的工艺生产周期。

2. 如何控制生产周期

缩短产品生产过程、加快订单交付能力是所有行业都非常关心的问题。加快产品的生产意味着生产效率的提高，企业能够生产更多的产品，满足更多的客户需求，完成更多的营业收入，同时减少了人员、机器等的损耗，降低了平均生产成本。激烈的竞争环境对企业的交付能力提出了更高的要求，缩短生产周期也成了许多企业对自身的要求。企业拿到客户的订单时，不是马上就去开模、量产，而是要分析接到订单到生产结束、交付使用的过程中，经历了哪些部门，平均在每个部门滞留的时间有多长，哪些环节比较容易产生时间损耗，针对耗时间的环节进行专项整改，才能优化生产。具体来说，缩短生产周期可以从以下几个方面进行考虑。

1) 加强生产计划的牵引和监控作用。生产计划的制订是依据销售计划而来的，因此，要完善销售主计划、生产计划二级体系。应加强订单的可视化管理，让订单交货信息更快、更准确地传递到计划和车间生产，加强对车间、采购的监控管理；提高计划的平衡性，控制欠产；利用工作计划与任务管理软件，让员工合理规划工作日程，让管理者及时掌握员工工作饱和度、工作进展状况等。这样不管是个人完成工作，还是团队协同作业，都可以轻松搞定。

2) 缩短物料采购周期。要想实现物料采购周期的缩短，可以优化供应商的布局、缩短采购半径、要求供应商加快反应速度；做好战略资源储备，以免旺季缺货；协助物料标准化的推行，减少采购物料种类，清理需二次、三次发外加工的物料。

3) 提高生产效率。利用车间技改、生产线调整的机会重新梳理各生产线与产品的对应关系，推行专线生产。对计划平衡性、物料回货及时性重点管理，确保总装车间的生产持续性。加强对车间员工的技能培训，提高员工熟练程度，减少生产过程中的异常，提高品质。设立效率提升奖、产量达标奖等奖励措施，激励员工，提高其工作热情。利用日事清团队负责人可以建立公共看板，规划团队整体目标及具体行动，并在卡片上分配给具体负责人。

4) 加快尾数清理速度。加强物料齐套检查，确保上线物料齐套，减少车间物料损耗，出现尾数及时上报缺料，加快尾数物料回货的及时性，制订相应的考核办法督促完成。同事之间可以相互下发任务,并通过查看对方日程了解其是否完成。

3. 缩短物流和信息流周期

从生产周期时间管理维度来看,它可以分为三个部分:加工时间、物流时间、等待停滞时间。加工时间是指加工产品必要的工艺时间;物流时间是指完成工序转移所需要的移动时间;等待停滞时间是指产品上一工序完成到下一工序开始生产的等待时间。

从项目改善的角度来看,它可以分为实物流改善、信息流改善两个部分。实物流是改善产品加工时间、移动时间,减少停滞时间;信息流主要改善产品停滞时间。

(1) 物流改善

1) 建立快速投入、快速产出的生产模式。其方式就是建立一个生产模式流,把能连接的工序连接起来,工序按照单个产品、小批量产品进行流动,通过工序分割将产品的加工工艺分解到每个加工工序,各工序同时投入同时结束,产品就按照产线设定的节奏产出,从而缩短产品加工周期。

2) 优化物流布局,缩短产品搬运距离。在设置各工序加工位置、布局的时候,要把握三个基本原则:一是工艺相邻、工序相邻;二是单个流向,不走回头路;三是能连接的工序尽量连接起来。通过这三个原则的实施能够尽量地缩短各工序之间的移动距离,减少物流时间。

3) 建立快速流动的物流方式。主要是研究快速流动的工装,通过轨道自动连接或者采用自动搬运装置是效率较高的方式,其次是使用流动台车进行流动,这是通用的效率比较高的方式,不但可以提升物流效率,同时也可减小操作工取放的动作幅度,提升动作效率。但是对于流动台车,要充分考虑放置的物料形态、数量以及工序流转的批量数,同时尽量做通用型台车,减少台车的种类和数量。

4) 减少加工动作浪费,提升加工效率。重点在于消除加工过程中的等待、移动、过多加工、勉强作业、修正作业等,通过消除动作浪费来减少加工时间。对流水线来讲,除了消除动作浪费,还需要导入标准作业管理、节拍管理、固定岗移动岗管理等管理措施来保证产线稳定、使用较少的加工时间产出产品。

(2) 信息流改善

1) 建立拉动式+推动式的计划模式。拉动式就是根据交货期从加工工段后段倒推来设定各工段的投入和完成时间;推动式指工段内上一工序完成后立即推动后一工序生产。前拉后推的方式有效将各工序的加工时间按照加工工艺顺序无缝地衔接在一起,减少了各工序间产品停滞等待的时间。

2) 平衡各工序加工能力,减少各工序不平衡带来的产品停滞等待时间。除了按照产品工艺时间配置设备和人力外,还需要建立快速应对产品变化带来的工序产能变化的机制,也就是快速调整各工序产能,达成各工序平衡。

主要手段一是设备通用化改造,二是人员多能化,通过设备、人力的快速调整来达到各工序的产能均衡,减少各工序停滞等待的时间。

通过以上两个步骤可有效减少工序间的产品停滞等待时间,缩短产品生产周期。

在实际工作中,往往各工序的停滞时间在生产周期中占到比较大的比重,但其改善要从物流开始,因为通过物流改善才能够串联,将能够形成流水作业的工序进行合并,尽量形成流水线,减少作业的工序,从而实现生产效率的提高。

第 6 章
数据呈现——用数据思维成就人生

前 5 章先讲解了数据意识，强化了数据与工作之间的联系；在意识到数据对工作的重要性后，学习了收集数据，重点学习的是关键数据的获取和梳理；随后讲解了如何分析这些数据（通过 Excel 进行辅助分析，得到一个数据详细的表）；接着学习了如何通过这些数据来推动业务的发展。相信大家对数据与实际业务都有了新的认知，但是，业务精进之后就能提升自己的职业价值吗？并不是，我们还需要将这些业绩表达出来，让大家知道我们的贡献；还需要用数据规划我们的职业人生，虽然人生没有最优解，但是可以尽可能地避免失败，本章便是解决这些问题。

6.1 用数据思维助力职业提升

6.1.1 数据引领职业成长

1. 用数据分析解决问题

之前讲解了业务与数据的关系，这里需要学习的是，遇到问题时如何用数据分析的思路进行解决，主要分为三步，如图 6-1 所示。

（1）明确问题

通过观察现象，把问题定义清楚，即如何明确问题。首先是明确数据来源和准确性，包括时间、地点和数据来源；然后是理解业务指标，包括指标的含义和指标比较的对象，如图 6-2 所示。

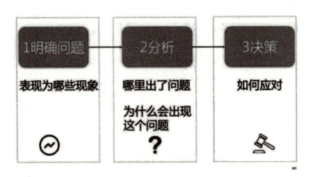

图 6-1　数据分析解决问题的过程

图 6-2　明确问题的思路

（2）分析

分析的内容包括"哪里出现了问题"以及"为什么会出现这个问题"。这里先把问题拆解，然后再通过验证得出结论。

1）使用多维度拆解分析法对问题进行拆解，将一个复杂的问题细化成多个子问题。

按照这种方法，可以从用户、产品、竞品这三个维度来拆解，分别对应公司的三个部门：用户对应运营部、产品对应产品部、竞品对应市场部。

- 用户（运营部）：画出用户使用产品的路径图，然后从 AARRR 模型中的五个环节去分析原因。
- 产品（产品部）：这段时间销售的产品是否满足用户需求。
- 竞品（市场部）：竞品是不是在有什么优惠活动，导致用户跑到竞争对手那里了。

2）对拆解的每个部分使用假设检验分析法，找到哪里出现了问题。分析的过程可以用对比分析等方法来辅助完成。

（3）决策

拆解完问题、找到哪里出现问题后，去思考为什么会出现这个问题，然后使用相关性分析找出问题的原因,就可以进行方案决策。

2. 用数据思维预测行业发展

俗话说"选择大于努力,思路决定出路,观念决定命运",如果在错误的方向上努力,对于个人职业成长也是无益的,那么如何判断自己所处的行业、公司是不是一个"正确的选项"呢?可以通过数据思维来进行判断。

(1)进入行业的时间点

什么时间点可以冲入某个行业,什么时间点又要退出?这一问题不但针对从业者,更是创业者应该思考的问题。没有人能对市场即将进入繁荣或即将落入衰退期的时间点提前做出准确预判,但可以基于有限的数据对此进行分析。

经济学家普遍认同的行业生命周期图是判断趋势是否已经到来的重要工具。如图 6-3 所示,有着"引入期(孕育期)""成长期""成熟期""衰退期"明显特征的四阶段曲线是典型的生命周期图。无论是一款产品,还是一个企业、一个行业,或是一个人的职业发展活力,无不按照"生命周期图"所蕴含的规律不断演变。

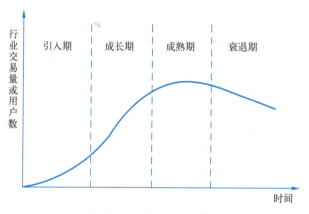

图 6-3 行业生命周期图

根据行业生命周期图,如果能获得一部分延续到当前的行业发展阶段性数据,就可以计算其变化率,以提前感知趋势的到来。例如,笔者按照行业生命周期曲线的数据分布规律,模拟出以年为单位的市场上人们可以观察到的某行业或能代表行业的某公司销售数据,如图 6-4 和图 6-5 所示,那么基于两张图就能得出:变化率增长拐点出现在 2007 年,变化率最高值出现在 2009 年,都比图 6-4 中增长拐点对应的 2008 年和销售量最高值出现的 2012 年的时间点要提前。

无论是理论还是实例都显示:在行业发展的增长拐点前后,是从业者入场展示拳脚的良机。因为这段时间从需要面对的竞争多少、销售业绩成长快慢、摸索市场需求和调整业务流程所需额外消耗的资源多少等方面来看,都有利于创业团

表一	某行业2005-2015年销售订单量									
时间	2005	2006	2007	2008	2009	2010	2011	2012	2013	2014	2015
订单量: 亿元	10	12	15	25	45	65	80	90	85	75	50

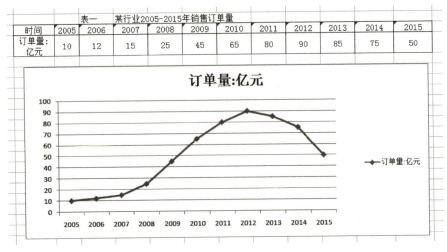

图6-4　某行业2005~2015年销售订单量

表二	某行业2005-2015年销售订单量及同比前一年增长变化率									
时间	2005	2006	2007	2008	2009	2010	2011	2012	2013	2014	2015
订单量: 亿元	10	12	15	25	45	65	80	90	85	75	50
同比变化率	-	20.00%	25.00%	66.67%	80.00%	44.44%	23.08%	12.50%	-5.56%	-11.76%	-33.33%

注：后一年相对与前一年的变化率称为"同比变化率"；后一个月相对于前一个月的变化率称为"环比变化率"。

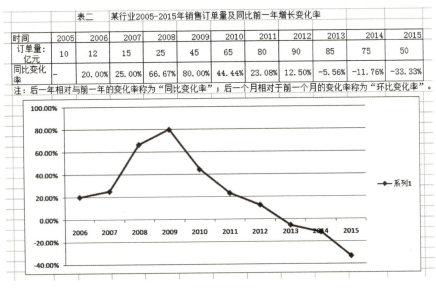

图6-5　某行业2005~2015年销售订单量及同比前一年增长变化率

队的生存与发展，以及从业者的职业履历积累。对"拐点"的测定为准确把握"趋势"奠定了坚实的基础。

（2）根据趋势选择行动

所谓"趋势"是指一个事物发展演变的方向及变化的快慢。其核心"标签"是"方向"及"变化快慢"，或叫作"变化率"。

能够准确判断趋势变化而选择行动的能力至关重要。即使已有数据不是一个行业生命周期内的完整连续数据，但只要拿到一部分的连续数据（可以通过市场调查或搜索引擎获得），利用变化率曲线就能提前观察趋势，从而把握进场或退场时机。这比习惯于通过观察静态数据发现行动机会者更快识得先机。

在这一前提下，对于是否要入驻某个大交易平台开网店或者优先考虑哪家交易平台先入驻以获取更多较低成本的客户、较快成长的订单，决策前首先要收集交易平台的累年或者累月交易数据，并在进一步计算其年度同比变化率或月度环比变化率数据基础上，分别绘出交易量年变化或月变化趋势图，及年度同比或月份环比变化率趋势图，而不是单独考虑由多日数据积累而来的"双十一"数据优劣、差距来做决策。

数字化时代是基于数据变化研究的知识/技术密集性产业独占鳌头的时代。学会用数据特别是数据变化率来判断行业趋势，而不是凭借经验思维，能够更有效地做出选择。在以周为单位进行迭代的数字化时代，应学会以周为单位观察数据变化并积极采取行动，不断提升自身职业竞争力。

6.1.2 用数据锚定职业生涯规划

1. 职业成长的阶段与关键路径

步入职场之后，随着经历的增长，通常会面对五个发展阶段，本节先介绍一下这五个阶段（见图6-6），然后再学习如何用数据规划职业人生。

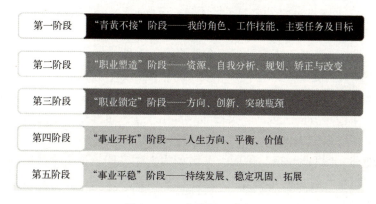

图6-6 职业成长五阶段

第一阶段："青黄不接"阶段，关键词为我的角色、工作技能、主要任务及目标。工作1~3年是职业生涯最"青黄不接"的阶段，既不像毕业生那么"单纯"，也不像有一定资历的人那样能"独当一面"，正处于"一瓶不满，半瓶晃荡"的状态。

1）主要疑问："我是谁""我能做什么"，迷茫的原因是缺乏自信和社会经验。

2）建议：这段时间最好不要轻易跳槽，能够积累到一生中第一次"从学习迈向工作"时段内宝贵的工作技能和坦然就业的心态，而且还有很多的基本技能，它是工作技能、主要任务和目标不断夯实的一个时段。

第二阶段："职业塑造"阶段，关键词为资源、自我分析、规划、矫正与改变。

工作3~5年时，就会逐渐熟悉组织文化，了解组织内情，建立初步的人际关系网，同时，职业性格特点也会逐渐显露，如哪些是你的特长、哪些是你的不足，从而可对职业方向进行合理的调整和矫正。

1）主要疑问：怎样进行合理的调整和矫正？

2）建议：可在工作的相关领域适当地变换工作方式，测试自己最适合做什么工作，如果发现现有工作与自身性格特长偏差太大，那么一定要当机立断，马上改行；也可能发现了一些新的岗位，是以前自己不知道的。所以，在这个时候要去试错，如果发现现有岗位似乎不太适合，可以尝试一下别的工作。大学里的专业不一定要成为终身的职业，应该去做人生规划，矫正自己原本的一些动作，寻求一些改变。

第三阶段："职业锁定"阶段，关键词为方向、创新、突破瓶颈。工作5~10年时，随着对自身劣势及性格特点的日渐清晰和不断地实践锻炼，走向"职业锁定"阶段。

1）主要疑问："为什么这么多年还是一事无成"。迷茫的主要原因在于个人的发展目标与组织提供的机会和职业路径不一致。

2）建议：如果愿意继续干，那么就要端正态度，磨炼自己，不断寻求自我突破。第三阶段开始进入职业锁定，发现将来成为谁、愿意成为什么人。很多时候要尽快地进入这个阶段，因为到了这个阶段就会知道自己应该往哪个方向努力。在这个阶段，方向、创新、突破瓶颈都出现了，也开始寻求突破，找到一些方向，认准一件事情去做。

第四阶段："事业开拓"阶段，关键词为人生方向、平衡、价值。工作10~15年时，"职业"将成为"事业"，意味着从前期的技能、经验及资金积累走向人生事业的开拓。

1）主要疑问：接下来的岁月，我该做什么？

2）建议：人到中年，在很多机会面前不敢贸然决定，因此要从心理上了解人生的限制，重新衡量事业及家庭生活的价值。

第五阶段："事业平稳"阶段，关键词为持续发展、稳定巩固、拓展。工作15年后，已进入不惑之年，需要思考如何使事业在平稳中持续上升。

时间或许长短有所不同，阶段也会因人生经历而划分不一，关键在于如何利用一切可利用的资源，创造一切条件塑造自己的人生。开始永远无所谓早晚，

"现在"就是最好的时刻。最终进入到事业平稳阶段时,开始利用自己的一些资源积累持续地发展、稳定地拓展。

2. 职业发展两大模式

接下来介绍两个主要的职业发展模式:试错模式和子弹模式,如图6-7所示。

图6-7 两种主要发展模式

(1)试错模式

先进入某一感兴趣的行业/领域,然后在工作中得到回馈,反映到内在,从而继续对职业在方向和能力上进行对外选择,再将外在的感受回馈至内在,实现循环,如图6-8所示。

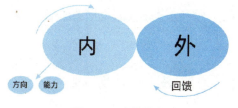

图6-8 试错模式

(2)子弹模式

先瞄准,再试错,类似于商业模式上先定好目标,然后寻找到达目标的路径。路径包括"一专多能零缺陷",即岗位的核心技能+职场必备的多项技能+没有职业硬伤。

例如,某人的职业目标是做讲师,但是开始做了之后觉得保险讲师没有想象中那么高级,做纯技术讲师自己没有项目经验,于是做了产品运营讲师。当看到一些机会时,一定要深入下去,但如果一直在尝试,就永远是浅尝辄止。如果不能深入下去、去探索最难最有价值的点,就永远只能浮于表面。而子弹模式就在于它是先瞄准再试错,它解决的是岗位的核心技能,加上职业必备的多项技能,从而规划职业人生。

(3)用职业思维打通任督二脉

如何找到适合自己的职业,为何没有找到合适的工作方向,思路如图6-9所示。

图 6-9　如何找到职业方向

6.2　使数据成为你晋级的阶梯

6.2.1　用结果说话

人们总说"技多不压身",但在实际工作中,往往只需一技傍身就可以了。比如,白领和蓝领最大的差别是什么?可能大多数人觉得,蓝领是工人,要去操作生产线,白领是坐在办公室吹空调。看上去似乎是这样,但其实白领和蓝领没有什么质的差别,本质都是新时代的劳动者,在从事生产线的工作。但是这种说法也有所偏颇,真正的差别是沟通在里面的占比有多少?

蓝领以生产线的工人为主体,其所有的沟通和协作是被生产线定义清楚的,其实并不太需要人与人之间的沟通。生产线把一个物料给到工人,工人学会相应的工作技能之后,就可以完成指定工作了,所以可替代性较强,是人和机器相互发生作用的结构。那么白领是什么呢?白领在办公室里有太多非标准化的工作,很难定义一个业务活动到底要有几个工序。这不是一个生产线的逻辑,而是有大量的发明、创造、创新,是人类智力工作的结果,当这个智力工作结果出来之后,还需要有更多人协作、沟通,在这样的状态下,只有能够达成共识,才能够有所共鸣。共鸣是什么?就是大家有了共同的认知,这样才能交换自己的意见和态度,才能去表达自己的想法和感觉,才能交代自己的任务和所拆解出来的一些动作,才能形成最终的共振。共振是什么?共振就是大家一起做事。在数字化时代,人才间的差别就在于在沟通协作上能够起到什么样的作用。

1. 汇报工作

（1）四个汇报技巧

1）利用金字塔原理进行表达

第一个要学习的是金字塔原理，它是一种重点突出、逻辑清晰、主次分明的逻辑思路、表达方式和规范动作。该原理可应用于商务写作、商务演示、表达与演说。下面以美食节为例展示金字塔原理的应用——方案的目的是提升美食节的收入，所有的工作都围绕这一点进行，然后往下思考，分别是在线推广、店外宣传和店内宣传，最后分别针对每一组内容进行操作，如图6-10所示。

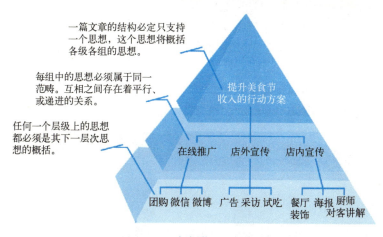

图 6-10　金字塔原理的应用

① 论点先行，论据不超过七条。在表达一个观点时，应该先说出结论，原因在于大脑的思维方式：如果大脑提前了解一个结论，那么它就会自动地把接下来获得的信息归纳到这个结论下面来寻找联系。

② 组织思想的四个逻辑如下。

时间顺序：按照事件发生的先后顺序对问题进行分析。

分析事件最早发生时的背景是什么，然后在过程中经历了什么事，产生了什么样的结果，预测这件事情未来会有一个什么样的走势，这是一个非常典型的时间顺序。比如，三年前刚刚启动这个项目的时候，收入是多少？连续三年的环比、同比增速是多少，这些都是时间顺序。

空间顺序：也称为结构顺序，比如按照地域、部门、属性等分类问题。

比如说可以看到在全国的销售市场范围内，华东区、华北区、华南区各自的收入占比环比增速是多少？它们现在遇到的困难是什么？这是空间顺序上的分布。同时也可以按照某一个城市、某一个地区等调整这样的结构。比较的空间结构应该在同一个层面上，比如说东北、华南，这些都是在某一个大的地图版图上,也可以按照某一个城市、某一个省这样的方法去比,而不要跨越级别去比较。

重要性顺序:重要的事情先说,后面的事项是对前面事项的补充。

永远先说重要的事情,确定主要矛盾和次要矛盾是什么,然后再去做。

逻辑演绎顺序:"三大段",大前提、小前提、结论。

③ 自上而下表达、自下而上思考。组织思想的四个逻辑,既可以是自上而下,先有上层的结论,再疏理下层的论据,也可以用自下而上的形式,先疏理下层各种想法,再总结出上层的结论。

④ MECE 法则:ME 指相互独立;CE 指完全穷尽。

MECE 法则就是每一个论点下面支撑的论据都应当相互独立,但是整合起来又是完全穷尽的,这样的论证才是清晰有理的。每条论据都必须符合 MECE 法则。

2) STAR 法则。STAR 是准确表达的"万能钥匙",用它可以精准地表达自己的想法和需求,如图 6-11 所示。

图 6-11　STAR 法则

案例一:销售团队汇报项目。

S:需要清晰描述全景图,包括外部环境、内部环境等。

① 销售团队能力参差不齐,导致了销售转换率低的问题(内部)。

② 竞争对手引入了一支强悍的销售团队,在短短 3 个月的时间内有 6 个市场实现了反超,而自己的销售业绩急剧下滑,人员流失达 30%,这是个非常大的危机(外部)。

T:任务目标需要具体、量化、可检视。

① 在一个月内完成销售人员的培训及筛选,人员配备齐全。

② 销售转化率达到 15%。

A:做什么事,关键动作是什么,遇到困难解决措施是什么。

① 问题:有一批销售骨干离职,很多销售人员认为销售是个人能力和经验

的问题,不可能标准化。

② 解决措施:引进外部专家找销售部门人员访谈,强调共同利益的重要性,找到项目突破口。

R:明确最终目标达成情况及在项目中有哪些经验。

① 结果:最终销售转化率达到18%,超出预期3个百分点。

② 复盘:销售流程、标准及制度变清晰,面对问题大家深度讨论,共同解决,超预期完成销售业绩。

案例二:A 公司市场部的季度工作汇报(如图 6-12 所示)。

S情景	上个季度,公司X业务板块的销量下滑了17%,这在公司近三年历史上是第一次
T任务	进行市场/竞品调研,为研发、采购、业务部门提供数据和策略,并联合业务部门找到销量下滑原因
A行动1	经过调查发现两个销量下滑原因:更换的供应商的品控能力有严重问题;竞对公司推出了强力竞品
A行动2	第一,马上更换不合格的供应商;第二,联合市场部、研发部、业务部寻找新销售卖点
R结果	销售量和销售额都上升了18%

图 6-12 STAR 法则的应用案例 2

S 情景:上个季度,公司 X 业务板块的销量下滑了 17%,这在公司近三年历史上是第一次。

T 任务:进行市场/竞品调研,为研发、采购、业务部门提供数据和策略,并联合业务部门找到销量下滑原因。

A 行动 1:经过调查发现两个销量下滑原因:第一,更换的供应商的品控能力有严重问题;第二,竞争对手公司推出了强力竞品。

A 行动 2:第一,马上更换不合格的供应商;第二,联合市场部、研发部、业务部寻找新销售卖点。

R 结果:销售量和销售额都上升了18%。

3) SCQA 故事性架构。高效沟通的"万能框架"SCQA 是一个非常适合在日常生活中跟人交流沟通的框架,它虽然没有 STAR 法则逻辑性强,但能帮助我们与他人沟通,解决问题或交流需求,如图 6-13 所示。

案例三:某地方银行的业务发展之路。

S 情景:从该行实行企业业务专营模式以来,业务实现了快速增长。

C 冲突:企业客户资金自身平衡问题成了制约业务进一步发展的瓶颈。

Q 问题:如何实现该行企业业务的可持续发展。

A 答案:给予更多的资源倾斜。

图 6-13　SCQA 故事性架构

基于 SCQA 架构，还可以衍生出另外四种表达方式，如图 6-14 所示。

图 6-14　SCQA 架构的衍生形式

① 标准式（SCA）。

S 情景：你是否遇到过这类客户，你用了很长时间去向他介绍你的产品，客户确实也心动，似乎觉得什么都好，但最后还是觉得太贵了而没买（这是在讲述"心理账户"这个概念的背景）。

C 冲突：真的是因为他小气吗？你也许已经发现他的包、表都很奢华。小气和大方是相对的，那是否有办法可以让这些所谓小气的客户变得大方（这是一个与常识的冲突）？

A 答案：那么，我们就来讲讲小气和大方背后的商业逻辑，教你如何解决这个问题（这就是即将给出的答案）。

② 突出忧虑式（CSA）。

A 答案：王总，我今天汇报的是关于把公司的销售激励制度从绩效制改为奖金制的提议（这就是开门见山直接给出答案）。

S 情景：公司创始以来，一直使用绩效制来激励销售队伍。这是三大主流激励机制（绩效，奖金，分红）中的一种，它们分别适用于不同的场景（把激励制度做一个完整的交代，即情景）。

C 冲突：但是，绩效制在公司业务迅猛发展、覆盖地市越来越多的情况下，造成了很多激励上的不公平：富裕地区和贫穷地区的不公平、成熟市场和新进入市场的不公平，甚至出现员工拿到大笔绩效奖金，但公司却在持续亏损的情况（这就是冲突）。

③ 开门见山式（ASC）。

C 冲突：哎，你这股东做得很危险啊！（听到这句话的人，估计心里会咯噔一下，这就是冲突）。

S 情景：不过据说这家公司刚刚有一项最新研究成果，通过了 FDA 认证，应该很快上市了，（听到这句话，你总算放心下来了，这是背景）。

A 答案：就是需要时间验证（这时候，估计时间再久你也无所谓了，这是答案）。

④ 突出信心式（QSCA）。

Q 疑问：如何确保业务多元化研究继续成为我们的重要服务项目？

S 情景：公司的多元化研究服务在过去 5 年中增长了 40%，同时也因为提供多元化研究服务而向许多客户收取了大量费用（这是背景）。

C 冲突：我们很难列举出几个为客户提供了很大帮助的例子，如果不采取措施提高我们的工作价值，我们就可能失去在该领域的高速增长（这就是冲突）。

A 答案：因此，我建议立即实施一项公司发展项目，以研究如何改善我们在该领域的服务能力，让该项服务能够不断为客户带来显著利益（这是答案）。

4）RIDE 说服术

RIDE 说服模式即在说服过程中要按"风险、利益、差异、影响"这样的顺序进行。

R 风险：先说不采纳你的方案会带来什么风险。因为对于同样的价值，人在失去时比获得时更为敏感，所以把损失风险先摆出来。

I 利益：由于之前说了风险，降低了对方的心理阈值，这时再说接受你的方案可以得到的利益，让对方产生一面天堂一面地狱的感觉。

D 差异：人都喜欢比较特别的东西。说完风险和利益，再说说方案的与众不同之处，让人眼前一亮，感性得到升华。

E 影响：最后要谈一下方案的负面效应。所有的东西都会有瑕疵，如果说得太完美反而会让对方多疑，这时你需要说一个方案的缺点，让理性为你加持。

案例四：说服领导提高销售提成。

R 风险：王总，如果不给销售团队每单提成提高 1%，他们不仅会集体离职，还会投奔我们的竞争对手，最糟糕的是，还将带走我们最好的几个项目经理，包括您最欣赏的 XX。

I 利益：如果把销售团队留下来，还能稳住项目经理，这样就能稳住客户，有了客户，投资方才会源源不断地给我们投钱。

D 差异：我的建议是，给他们提高 0.5%，再给他们 10 万期权，四年行权期，这样我们既没有付出太多现金，又能让销售团队稳定四年，这四年里建立新的销售体系，并培养新人。

E 影响：当然了，这个方案的缺点就是，多多少少还是要掏点钱出来，毕竟财散人聚嘛。

（2）数字化沟通方法

在这个数字化时代，业务骨干需要什么样的沟通表达？沟通表达本质上是数字力。回想一下，为什么有的时候你跟领导去汇报，别人也跟领导去汇报，但是领导愿意听别人的，不愿意听你的？这是因为别人说的是数字、讲的是目标、谈的是任务、聊的是方法，而你说的是过程、谈的是情绪、诉的是衷肠、表达的是态度，所以沟通表达中，数据就是说服力。

1）数字化沟通方法——数字要和听众相关。史蒂夫·乔布斯在呈现苹果产品的时候会大量使用数字（如图 6-15 所示），他的每页 PPT 很多都是很大的一个值，比如销售量、下载量。乔布斯在数字方面的使用还有很多的小技巧，比如 2015 年 2 月 23 号苹果新发布了一款新的 ipod，拥有 30G 的存储空间，而之前的 Ipod 是 8G 的，那么他怎么去展现 30G 的具体含义呢？

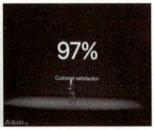

图 6-15　使用数字汇报

如果只是用具体数字去比较的话，消费者并不会对其中的差别感触太深，所以乔布斯在当时的演讲里面是这么说的：30G 的内存能存储 7500 首歌曲，25000 张照片，以及长达 75 小时的视频。这样一来他的演讲就把喜欢听歌曲的、喜欢拍照的和喜欢摄影的三种听众全部连接起来了，把一个枯燥的内存值变得有生命力，并和听众的利益产生了关联，如图 6-16 所示。

2）数字化沟通方法——凸显数字力要多进行比较。在各大手机发布会中很容易发现，演讲内容包含了许多对比或类比形式的数据。乔布斯在某年的苹果

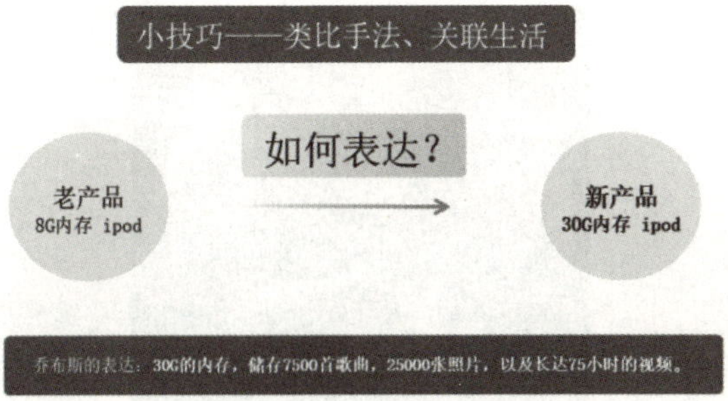

第6章 数据呈现——用数据思维成就人生

小技巧——类比手法、关联生活

如何表达？

老产品 8G内存 ipod → 新产品 30G内存 ipod

乔布斯的表达：30G的内存，储存7500首歌曲，25000张照片，以及长达75小时的视频。

图 6-16 数字要与听众相关

发布会上，谈到手机浏览器的使用情况时说，"使用 iPhone 进行浏览的占全美总数的 58.2%，是第二名的 2.5 倍以上，而第二名是谷歌 Android，只有 22.7%"（图 6-17）。

这里，他使用了对比的技巧，通过和对手的情况进行对比来突出自家产品的高市场占有率。类似的例子比比皆是，比如，苹果每次的 iPhone 发布会中，都会将最新产品与自己的上代产品做性能参数的对比，让大家直观感受到产品的进步。

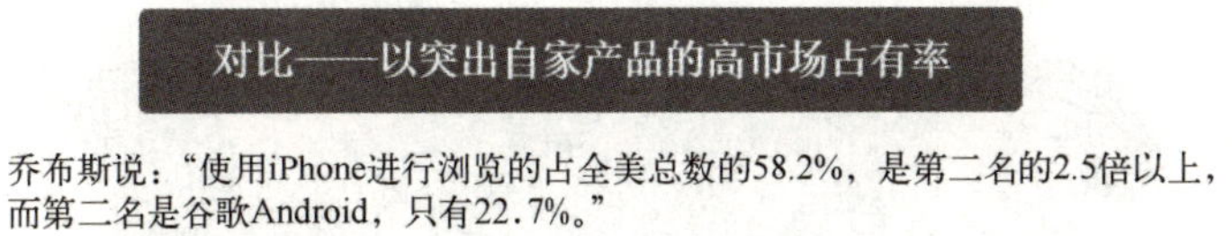

对比——以突出自家产品的高市场占有率

乔布斯说："使用iPhone进行浏览的占全美总数的58.2%，是第二名的2.5倍以上，而第二名是谷歌Android，只有22.7%。"

图 6-17 凸显数字力要多比较

3）数字化沟通方法——形象地解释数据。例如一家上市公司的股价涨跌表达方法如下：

① 都跌：同行业 A 公司跌了 10%，这家公司跌了 30%，那么在这个竞争环境中，这家公司跌得更多，通过这样的对比，增加力度。

② 都涨：同行业 A 公司涨了 30%，这家公司只涨了 10%。这样的对比让这家公司能保持对大局行情的清楚认识，因为相对竞争对手而言，这家公司的股价没有优势。

人们常说，数据是冰冷的，这是因为数据本身并不包含任何意义，还需要将其通过形象的方式进行解释，有血有肉地展现出这些数据背后的含义，更好的支持结论。

案例一：奶茶广告。

某杯装奶茶品牌广告：每年卖出 X 亿多杯，杯子连起来，可绕地球赤道 X 圈（如图 6-18 所示）。这条广告采用的方式是换算，将销售数量与地球赤道的长度做对比，形象地展现了产品销量，又给消费者留下了深刻的品牌印象。

图 6-18　某奶茶广告

案例二：浪费的粮食。

原句：中国人每年浪费的粮食价值高达 2000 亿元。

加入数据：中国人每年浪费的粮食价值高达 2000 亿元，足够××万人吃上两年。即通过将复杂数据换算为普通人更容易理解的直观数据，让内容更容易被接受，更具说服力。另一种表达方式更直观，如图 6-19 所示。

图 6-19　浪费粮食的另一种表达方式

4）工作中不能只见数据、不见业务，一定要读出数据背后的业务意义。例如表 6-1 中几种数据反映的业务意义。

表 6-1　数据反映的业务意义

数　　据	解　读	真实反映	口头表达
"我看大众点评，这个饭店人均 185"	太贵了	不划算	"还是大排档接地气"

(续)

数　据	解　读	真实反映	口头表达
"这小伙人不错,但身高才165"	太矮了	不喜欢	"我最近不想谈恋爱"
"这款车不错,但要40多万"	太贵了	买不起	"这车口碑不好,容易坏"

2. 量化工作

上月业绩不理想,下月的目标是提高业绩,那么在制定目标的时候就应该把因素设计周全,如下月业绩的名次、超越的对手、规定时间内要解决的问题等,既要考虑到自身的特点,又要考虑到现实情况和时间限制。制定的目标不要过高或过低,制订一个自己努力一下就可以实现的目标更有利于自身的不断进步。

(1) 量化工作的好处

量化工作能够促进我们更有效地实现业务目标。余世维博士曾说过"任何目标都不会自动实现。我们经常提出一些远大的目标,但因为没有分解、没有细化在每一天、每一件事情或者每一个过程里面,这个目标总是显得模糊不清。没有量化在每一个工作里面,就不知道对于这个目标,我们自己的责任是什么,我们自己的贡献是什么,所以更重要的是怎么具体实现目标。"

目标可大可小,可长可短,但是目标的实现必须是可以量化的,可以把目标实现的过程比作剥洋葱的过程,可执行的量化目标才是有意义的。

1) 最外面是即时目标,也就是眼下应该动手做的事情。
2) 里面一层是短期目标。
3) 再往里依次是中期目标、长期目标。
4) 最里面一层就是想要达到的终极目标。

(2) 量化工作对企业的好处

1) 量化工作解决了公司组织架构及部门工作职责与目标之间的关联问题。
2) 在目标分解过程中,解决了员工薪酬与企业目标和个人工作之间的难题。
3) 量化管理模式还采用SOP,即标准操作手册的形式解决了企业执行力弱的问题。
4) 通过大量操作模型的引入,使企业的执行水平从人为保证层面上升到系统保证层面。
5) 提高执行水平的可靠性。企业量化管理模式的引入和使用,使企业每个员工逐渐形成统一、规范的行为习惯,形成有利于企业长期发展的企业文化。

(3) 如何量化工作目标

1) 三步法计划目标,具体如下。

① 写下一张目标管理表,包括自己的总目标、目标中的关键点,以及完成这些目标需要哪些资源等。

② 将大目标拆分成一个个小目标，写出完成每一个小目标的时间、进度及完成质量等。

③ 执行。执行人必须将计划付诸行动，并不断检查进度、调整行动，全力完成目标，并要忠实地进行目标执行结果的自我检讨、反馈、总结和调整。

2) 用四三二一法制定目标，即四个标尺、三个尽量、两个答案、一个原则。具体如下。

① 四个标尺。设计目标、评价目标必须有标准，主要有四种类型：数量、质量、成本和时间。对于定量的目标，可以多从数量、成本等角度来衡量；对于定性的目标，应该多从质量、时间的角度考虑。

② 三个尽量。即能量化的尽量量化，不能量化的尽量细化，不能细化的尽量流程化。理由是，工作量化的难点是那些比较笼统、很难直观表达的工作，针对这些工作可以通过目标转化的方式来实现量化，转化的工具就是数量、质量、成本、时间等元素。通过目标的转化，许多模糊的目标就可以豁然开朗。工作比较单一，往往一项工作做到底，这种工作用量化、细化很难找到核心指标，这时可以采用流程化的方式，把工作按照流程分类，针对每个流程可以从多个维度衡量，还可以列出相应的重要程度等级。

③ 两个答案。

结果：实现这样的目标，最终期望的结果会是什么？

行动：完成这样的结果，需要采取哪些行动？

④ 一个原则。这里的原则指的是目标设置的最根本原则，也是检查目标的原则。设置目标后，就要用这项原则检查一下，看是不是真正的目标。

一个有效目标包含五个要素，如图 6-20 所示。

图 6-20　SMART 原则

① Specific：明确、具体的。
② Measurable：可衡量的。
③ Achievable：可达成的。

④ Realistic：现实可行的。
⑤ Timed：有时间限制的。
3）拆解目标注意事项具体如下。
① 切忌不做拆解直接开跑。
② 切忌不知道重点在哪里。我们需要找到"目标的心脏"，它是该做什么不该做什么的直观定义，对于在这个项目当中运营动作正确或者错误的判断标准，是一个项目成立的基础，如图 6-21 所示。

图 6-21　目标的心脏

③ 定义数字指标。数字是目标的肉体，多体现为数字和公式，是该做多少和能做多少的理性拆解，将一个大的目标用数学公式拆解到最细，是保证团队协作的基础，如图 6-22 所示。

图 6-22　目标的肉体

④ 切忌互相干扰目标。要丰富目标的灵魂。数字无法完整表达项目愿景、价值导向和理性拆解，正确的表达形式应是：一个目标是什么以及它的量化指标是什么，这才是真正能够让一个团队表现出协作行为和产生协同效应的核心，如图 6-23 所示。

4）量化工作成果。量化工作成果主要由五个元素组成，如图 6-24 所示。
① 时间：时间一定要明确，今天制定的目标要分哪几个时间段完成。
② 分工：目标由哪些人完成，这些人中，每个都确定他们今年该做哪些事。
③ 流程：哪一个阶段、通过哪些人、用什么方法应产生多大的效益。

图 6-23　目标的灵魂

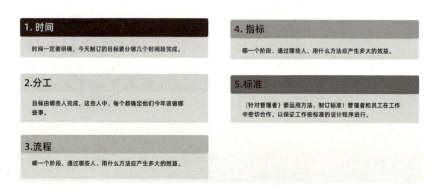

图 6-24　量化工作的要素

④ 指标：衡量目标的参数，即预期中想要达到的指数、规格、标准，一般用数字表示。

⑤ 标准：（针对管理者）要运用方法，制订标准！管理者和员工在工作中密切合作，以保证工作按标准的设计程序进行。

案例：某店铺的工作目标拆解。

背景：通过数据分析测算，发现在某个月该店的销售额有机会达到 500 万。这个店的历史最高单月销售额是 360 万。

目标：从 360 万提升到 500 万，提升的幅度达 38.8%。

拆解：把它拆解成日目标，用权重指数法（考虑周一到周日的销售规律）拆分到每一天，如图 6-25 所示。

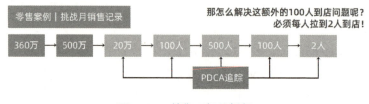

图 6-25　销售目标的拆解

总结：按过程化去拆解目标，最终要拆解到可执行的最小单位，再用图形式整理一下思路，环环相扣。当然并不是 2 个人到店，目标就一定做成了，其他应该做的还是要做，要保证原来的基本盘能稳定实现，这 2 个人只是实现增量的额外需求。执行过程中还需要用 PDCA 法则进行追踪，确保各环节的顺利执行。

6.2.2 汇报呈现

PPT 类似于一个议论文，而不是记叙文，更不是散文，它的核心是通过有力的论据证明观点。为了让大家接受你的想法，给出你的资源，完成你想要做的事情，这才是一个 PPT 最核心的东西。所以需要思考一下，自己做的东西是否满足需求，论据是否应该强调？是否了解观众想看的东西？是否通过信息表达，或通过案例做数据的支持？是否用图表、视觉来表达信息？完成这些，再通过高说服力的演讲，便可以达成演讲目标。那么如何仅用 PPT 完成高效汇报呢？

1. 整体构思

整体构思需要注意三点，如图 6-26 所示。

1）设计与审美：掌握设计师的套路，让幻灯片充满力量。
2）结构化思维：以商业写作的逻辑基础，用科学的方式表达思想。
3）图表设计：让数据"会说话"，让你的思维凝结成图表。

设计与审美　　　　　结构化思维　　　　　图表设计
掌握设计师的套路　　商业写作的逻辑基础　　让数据"会说话"
让幻灯片充满力量　　用科学的方式表达思想　让你的思维凝结成图表

图 6-26　PPT 整体构思

2. 结构化思维

（1）演绎推理思维

演绎推理主要有四个步骤，即问题与现状、原因与冲突、措施、结论，如图 6-27 所示。

对于具体的演绎推理，可以列出图 6-28 所示大纲。

图 6-27　演绎推理思维的四个步骤

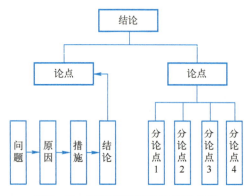

图 6-28　演绎推理思维的思考大纲

案例：通过演绎推理分析星巴克咖啡是如何运作的，如图 6-29 所示。

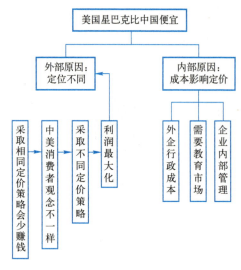

图 6-29　星巴克的运营方式

（2）时间轴模型思维

时间轴模型依据时间顺序，把一方面或多方面的事件串联起来，形成相对完整的记录体系，再运用图文的形式呈现给用户。

时间轴模型最大的作用就是把过去的事物系统化、完整化、精确化，如图 6-30 所示。

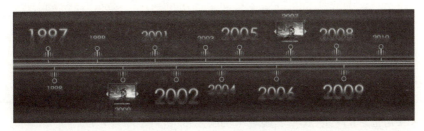

图 6-30 时间轴模型

3. 结构设计

除了演绎和时间轴之外,还需要学习控制 PPT 的整体节奏,让 PPT 的脉络非常清晰。下面主要介绍三种结构设计,"总分总"结构、递进结构和 FAS 结构。

（1）"总分总"结构

适用范围：介绍系列产品,或说明项目的各个组成部分。

结构介绍：概述—分论点—总结。

> **总（概述）：开门见山说明 PPT 讲什么。**

"总"的注意事项：

① 一般只有一页。

② 若 PPT 页数较少,则把分要点列出即可。

提问方式的概述要点：

① 一问到底,保持统一。

② 注意场合。

> **分（分论点）：从几个方面进行论述,可并列,可递进。**

概念：分论点就是内容页里每一页的观点,每一页标题串起来就是整个故事的压缩版。

目标：领导/客户通过快速浏览每一页标题能够明白整个 PPT 的来龙去脉。

技巧：

① 一动一静。

② 动：该页核心内容的概括（本页的具体观点）。

③ 静：该页所在章的标题（简短）。

> **总（总结）：在原有基础上进一步明确观点,提出下一步计划。**

① 回顾内容：把前述内容简明扼要地梳理一遍。

② 理顺逻辑：将各个观点串联起来。

③ 做出结论：做出最终的结论。

④ 计划下一步工作：将汇报内容切实转化为下一步的行动是最终目标。

⑤ 提出问题，寻求反馈：在提出问题和反馈需求的时候要把具体的问题列清楚，要给出具体的计划和数字。如目的是获得帮助，则要给出具体的预算、产出以及风险的评估。

（2）递进结构

递进结构适用于同一概念的推广，呼应市场营销中的一个重要概念——整合营销，讲究整合的协同效应。递进结构要点如下。

- 概述部分：说明各个模块之间的关系，让对方明白你要采用的递进模式。
- 每一模块：每一模块结尾要简单说明这一模块和下一模块的关系。
- 总体：帮听众梳理，拉着他们的手一步一步往前走。

（3）FAS 结构

FAS 的意思是：F-Find-提出问题；A-Analyse-分析问题；S-Solute-解决问题。FAS 结构有三个要点，分别如下。

1）要点 1：一针见血。

① 开篇提出问题，然后针对问题进行分析，最后给出解决问题的结果，呼应最初的问题，或提出对问题解决后的展望，赢得支持。

② 优点：通过提出问题，一上来就抓住听众的心，展开陈述的时候会有的放矢。

③ 注意，提出问题的部分不要过于冗长，否则会头重脚轻。

2）要点 2：一事一议。

① 在这种结构的 PPT 中，只能提出一个问题，一事一议，才能保证 PPT 条理清晰。

② 如果有多个问题，应使用"总分总"结构，在每个分论点中阐述一个问题（分论点中使用提出问题—分析问题—解决问题的结构）

3）要点 3：结构清晰。

① 结构中的不同环节会套用其他的 PPT 结构。

② 分析问题环节会套用"总分总"结构；解决问题环节会采用递进结构。

③ 需要为听众梳理结构，在每个部分的开始介绍这个部分的逻辑结构，末尾总结这个部分的观点，说明它和下一个部分之间的关系。

4. 数据呈现

在 PPT 制作中，有这么一条规律：有数字比没数字强，有表比没表强，有图比没图强，所以在做 PPT 时，数据尽量用表、图等形式进行展现，让 PPT 更加条理和清晰。图表的常见类型如图 6-31 所示。

（1）可视化图表常见类型

这里学习一些常见图表的用途及制作。首先是柱状图，适用场景是二维数据集（每个数据点包括 x 和 y 两个值），但只有一个维度需要比较；最大的优势是利用柱子的高度反映数据的差异，如图 6-32 所示。

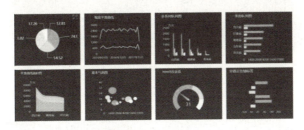

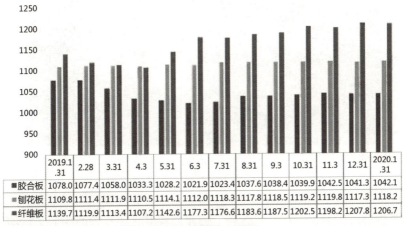

图 6-31　常见图表类型

资料来源：中国木材价格指数网　前瞻产业研究院整理

图 6-32　柱状图

第二是折线图，适用场景是二维的大数据集，尤其是那些趋势比单个数据点更重要的场合。它还适合多个二维数据集的比较，优势也比较明显：易反映出数据变化的趋势，如图 6-33 所示。

第三个是饼图，适用场景是简单的占比图，在不要求数据精细的情况下可以使用。饼图的优势是可以直观地看到每一个部分在整体中所占的比例，它的劣势是只能反映某一时点上的情况，如果想看到一段时间内的变化趋势、增长幅度等，就不太方便了，如图6-34所示。

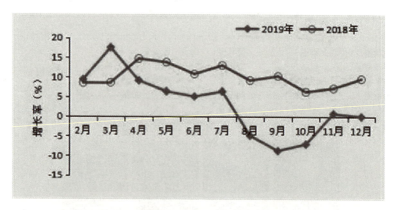

图6-33 折线图

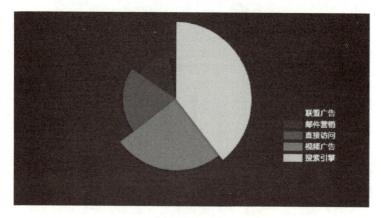

图6-34 饼图

第四个介绍的常见图是漏斗图，适用场景是业务流程比较规范、周期长、环节多的流程分析，通过漏斗比较各环节的业务数据。漏斗图的优势是能够直观地发现和说明问题所在，如图6-35所示。

最后一个是雷达图，雷达图的适用场景是多维数据（4维以上），且每个维度必须可以排序。它的优势是对多项指标进行全面分析，呈现完整、清晰且直观。其劣势是有一个局限，就是数据点最多6个，否则无法辨别，因此适用场合有限，如图6-36所示。

（2）数据呈现常见错误

1）饼图顺序不当。

2）在线状图中使用虚线。

3）数据被遮盖。

图 6-35　漏斗图

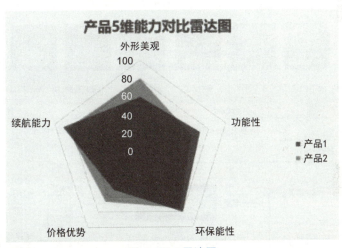

图 6-36　雷达图

4）耗费用户更多的精力。
5）柱状过宽或过窄。
6）数据对比困难。
7）错误呈现数据。
8）过分设计。
9）数据没有很好地归类，没有重点区分。
10）误导用户的图表。
（3）数据呈现实用技巧
1）更改 Y 轴起点/终点数据。

2）用箭头暗示未来发展趋势。

3）与过往数据进行对比。

4）呈现累计数据的结果。

5）呈现累计结果的数据。

6）添加醒目的数据标注。

7）添加数据参考物。

8）表格和图表结合使用。

案例1：某超市业务汇报。

1）整理公司业务数据，形成数据库。某超市2019年第四季度的业务数据见表6-2。

2）图表展示思维指南主要分为三个方面，如图6-37所示。

① 业务数据表格提炼，如营收、利润、地区分布、产品类型销售占比等。

② 选择可视化图表以更好地展示提炼出的业务数据。

③ 使用专门工具完成数据可视化图表制作。

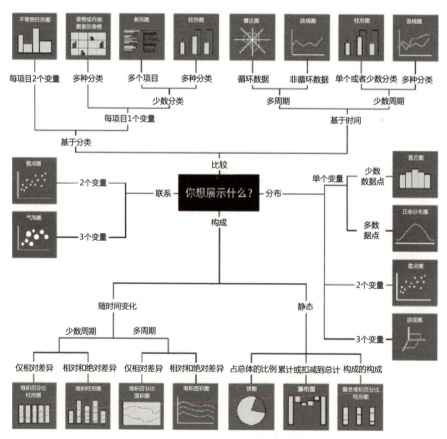

图6-37 图表展示思维指南

第6章 数据呈现——用数据思维成就人生

表6-2 2019年第四季度业务数据表格

订单ID	订单日期	发货日期	客户ID	客户名称	细分	城市	省/自治区	地区	产品ID	类别	子类别	产品名称	销售额	数量	折扣	利润
US-2019-3017568	2019/12/9	2019/12/13	宋良-17170	宋良	公司	镇江	江苏	华东	办公用-用品-10003746	办公用品	用品	Xleencut 开信刀,工业	321.216	4	0.4	-27.104
CN-2019-5631342	2019/10/2	2019/10/4	白鸽-14050	白鸽	消费者	上海	上海	华东	技术-配件-10001200	技术	配件	Memorex 键盘,实惠	2330.44	7	0	1071.14
CN-2019-5631342	2019/10/2	2019/10/4	白鸽-14050	白鸽	消费者	上海	上海	华东	办公用-用品-10000039	办公用品	用品	Acae 尺寸,工业	85.54	1	0	23.94
CN-2019-5631342	2019/10/2	2019/10/4	白鸽-14050	白鸽	消费者	上海	上海	华东	办公用-装订-1000-4589	办公用品	装订机	Avery 孔加固材料,耐用	137.9	5	0	2.1
CN-2019-5631342	2019/10/2	2019/10/4	白鸽-14050	白鸽	消费者	上海	上海	华东	办公用-装订-10004369	办公用品	装订机	Cardinal 装订机,回收	397.32	6	0	126.84
CN-2019-5631342	2019/10/2	2019/10/4	白鸽-14050	白鸽	消费者	上海	上海	华东	技术-电话-10002777	技术	电话	三星 办公室电话机整包	2133.46	7	0	959.42
CN-2019-5631342	2019/10/2	2019/10/4	白鸽-14050	白鸽	消费者	上海	上海	华东	技术-复印-10002045	技术	复印机	Hewlett 传真机,数字化	4473.84	3	0	1162.98
CN-2019-5631342	2019/10/2	2019/10/4	白鸽-14050	白鸽	消费者	上海	上海	华东	办公用-用品-10004353	办公用品	用品	Elite 开信刀,工业	269.92	2	0	118.72
CN-2019-4364300	2019/12/12	2019/12/15	马丽-15910	马丽	消费者	上海	上海	华东	办公用-装订-10004816	办公用品	装订机	Wilson Jones 标签,回收	158.9	5	0	72.8
CN-2019-4838467	2019/11/16	2019/11/23	麦虹-13855	麦虹	公司	西安	陕西	西北	办公用-收纳-10002943	办公用品	收纳具	Smead 文件车,蓝色	1198.4	2	0	455.28
CN-2019-2187292	2019/10/26	2019/10/28	孟刚-13180	孟刚	公司	重庆	重庆	西南	技术-电话-10000393	技术	电话	三星 信号增强器,全尺寸	1930.32	3	0	810.6
CN-2019-2187292	2019/10/26	2019/10/28	孟刚-13180	孟刚	公司	重庆	重庆	西南	办公用-信封-10003279	办公用品	信封	Kraft 邮寄器,每套50个	527.1	3	0	47.04
CN-2019-2187292	2019/10/26	2019/10/28	孟刚-13180	孟刚	公司	重庆	重庆	西南	技术-电话-10001992	技术	电话	三星 充电器,全尺寸	2974.72	1	0	594.86

3）拆解每项业务，形成可视化图表，包括各地区营收、销量、利润、利润率对比，如图 6-38 所示。

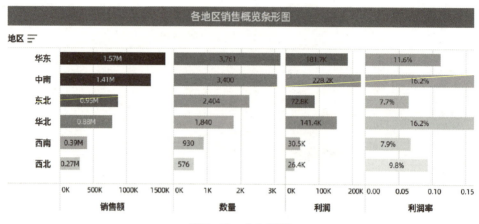

图 6-38　业务拆解

各地区销量与目标销量的对比分析如图 6-39 所示。

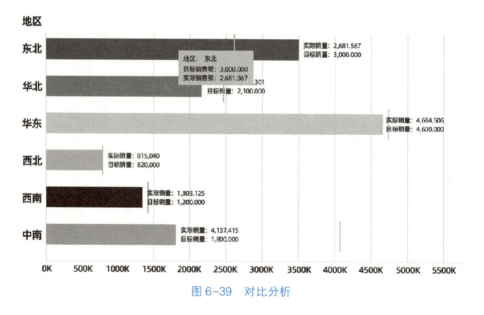

图 6-39　对比分析

各省销售利润对比可做成气泡图展示，如图 6-40 所示。
履约率按发货准时与否进行判断，如图 6-41 所示。

第 6 章　数据呈现——用数据思维成就人生

图 6-40　利润对比气泡图

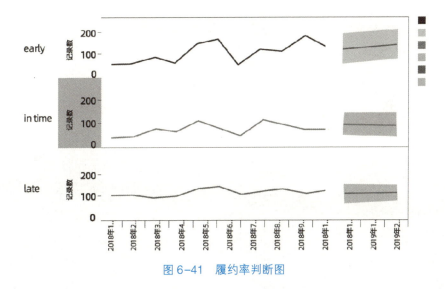

图 6-41　履约率判断图

4）形成最终业务全貌的数据仪表盘，如图 6-42 所示。
这样一个数据展示就完成了，这将成为 PPT 展示中的亮点。

图 6-42　业务全貌的数据仪表盘

参 考 文 献

［1］黄成明. 数据化管理：洞悉零售及电子商务运营［M］. 北京：电子工业出版社，2014.
［2］赵宏田，江丽萍，李宁. 数据化运营：系统方法与实践案例［M］. 北京：机械工业出版社，2020.
［3］张明明. 数据运营之路：掘金数据化时代［M］. 北京：电子工业出版社，2020.
［4］柏木吉基. 如何用数据解决实际问题［M］. 赵媛，译. 南昌：江西人民出版社，2018.
［5］猴子·数据分析学院. 数据分析思维：分析方法和业务知识［M］. 北京：清华大学出版社，2020.
［6］李治. 别告诉我你懂PPT：全新升级版［M］. 长沙：湖南文艺出版社，2015.